Heinrich Suter

Die Mathematik auf den Universitäten des Mittelalters

Heinrich Suter

Die Mathematik auf den Universitäten des Mittelalters

ISBN/EAN: 9783743387928

Hergestellt in Europa, USA, Kanada, Australien, Japan

Cover: Foto ©Paul-Georg Meister /pixelio.de

Manufactured and distributed by brebook publishing software (www.brebook.com)

Heinrich Suter

Die Mathematik auf den Universitäten des Mittelalters

Die Mathematik
auf den Universitäten des Mittelalters.
Von Dr. Heinrich Suter.

I.

Die Entstehung der ältesten Universitäten Italiens, Frankreichs und Englands ist, da von denselben nicht, wie von den späteren Gründungen, päpstliche oder landesherrliche Stiftungsbriefe vorhanden sind, in dichtes Dunkel gehüllt; bei eingehender Betrachtung der Entwicklung des mittelalterlichen Bildungswesens kann man sich aber doch immer weniger der Ansicht verschliessen, dass jene Universitäten aus den Kloster-, Dom- und Stiftsschulen des 8.—12. Jahrhunderts hervorgegangen, oder wenigstens als die weitere Ausbreitung dieser Schulen zu betrachten sind[1]). In den Klöstern des Benediktinerordens, wenigstens in den grösseren, bestand neben der Schule für die zu Mönchen zu erziehenden jungen Männer (schola interior seu claustralis pro monachis) noch eine äussere oder weltliche Schule (schola exterior seu canonica pro secularibus) für diejenigen, die nicht im Kloster bleiben wollten.[2]) In diese Klosterschulen fanden sowohl die Söhne des Adels, der Freien, als auch der geringsten Hörigen Aufnahme;[3]) die kleineren waren gleichsam die Elementarschulen jener Zeit, während die grösseren berühmteren Klöster die hervorragenderen Talente zu ihren Schülern zählten und dieselben zum Staats- oder Kirchendienst vorbereiteten; diese können als die Vorläufer der Universitäten betrachtet werden. Der Unterricht in den geringeren Schulen bestand im Erlernen des katholischen Glaubensbekenntnisses, von Psalmen, Noten, Gesängen, des Computus, d. h. der Festrechnung und der Grammatik; in den grösseren Schulen unterrichteten gelehrtere Mönche die Zöglinge in der Rhetorik und Dialektik, in der Arithmetik, Musik, Geometrie und Astronomie, und dann natürlich vor allem aus in dem Studium der heiligen Schriften.

---

[1]) Für Paris steht dies ziemlich fest, wie wir weiter unten noch auseinandersetzen werden; ob dasselbe auch bei Oxford, Bologna und Salerno der Fall sei, oder ob diese Universitäten weltlichen Ursprungs seien, ist bis jetzt eine viel umstrittene, aber noch ungelöste Frage. Vergl. hierüber folgende Werke: Bulaeus, Historia univers. Parisiens. 6. Vol. 1665—73. — H. Conringius, de antiquitatibus academicis, 1739. — Crevier, histoire de l'univers. de Paris, 7 Vol. 1761. — Wood, Historia et antiquitates univers. Oxoniens., 1674. — V. A. Huber, die englischen Universitäten, 2 Bde. 1839. — Savigny, Geschichte des röm. Rechts im Mittelalter, 3. Bd. 1822. — Paulsen, die Gründung der deutschen Universitäten im Mittelalter, in Sybels histor. Zeitschrift, Bd. 45. 1881. — P. Hch. Denifle, die Universitäten des Mittelalters bis 1400. 1. Bd. Berlin, 1885.

[2]) Mabillon, Praefatio in III. saeculum Benedict. § IV. — Ekkehardi junioris liber de casibus monast. St. Galli, cap. I.

[3]) Ekkehard, a. a. O. cap. X. — Mabillon, Praefatio in IV. saec. § VIII. 184. — Joach. Vadianus, de collegiis monasteriisque Germaniae, lib. I. pag. 4.

Eine ähnliche Einrichtung und Bestimmung wie die Klosterschulen hatten die Dom- und Stiftsschulen. Auch hier wurden neben den scholares canonici, die meist dem Adel angehörten und wie die Kanoniker selbst aus zugewiesenen Pfründen ihren Unterhalt und ihre Studien bestreiten konnten, auch Knaben nichtadeliger Eltern, die die Kosten der Verpflegung und des Unterrichtes aus eigenen Mitteln bestreiten mussten, als Schüler aufgenommen; auch für Söhne ärmerer Eltern, von Handwerkern und Hörigen, war die Aufnahme durch Stipendien erleichtert. Nach Specht[1]), auf den wir hiefür verweisen, waren höchst wahrscheinlich auch an diesen Dom- und Stiftsschulen wie an den Klosterschulen die scholares canonici von den übrigen Schülern im Unterricht und Unterhalt getrennt. Der Vorsteher der Stiftsschule war ein besonders hiezu erwählter Kanoniker und führte den Titel „Magister scholarum", oder „Scholasticus"; unter ihm standen sämmtliche Lehrer der Schule, „magistri secundi", „secundarii", oder „rectores scholarum" genannt, ihre Anstellung und Entlassung hing von ihm ab; daneben versah er gewöhnlich noch das Amt eines Kanzlers, Archivars und Bibliothekars des Stiftes.

Schon vom 9. Jahrhundert an wuchs der Zudrang zu den grösseren Kloster- und Stiftsschulen immer mehr, indem sowohl diejenigen, die auf kirchliche Pfründen reflektirten, als auch diejenigen, welche weltliche Stellungen suchten, immer zahlreicher wurden (das Letztere ist nicht zum geringsten Theile dem wachsenden Einflusse der weltlichen Macht zuzuschreiben, die unter den sächsischen und fränkischen Kaisern zur höchsten Entfaltung gelangte). Die Jurisprudenz und die Medicin traten neben den freien Künsten und der Theologie nach und nach als selbständige Studien auf; die Anforderungen der Studirenden wurden daher grösser, die Leistungen der Klöster und Stifter, resp. ihrer Magistri scholarum, aber erhoben sich nicht weit über die alten Grenzen der sieben freien Künste, der heiligen Schriften, der Kirchenväter und der Grundzüge des Kirchenrechtes empor. Auch war keineswegs die Gesammtheit der kirchlichen Würdenträger derselben Meinung über die Zweckmässigkeit des bisherigen engen Verbandes dieser äusseren Schulen mit dem Stifte, ihr Einfluss auf das geschlossene, klösterliche Leben der Kanoniker und der scholares canonici schien Vielen kein günstiger zu sein. Diese und andere Faktoren wirkten vereinigt dahin, dass mit der Zeit eine äusserliche Trennung dieser Schulen von den Klöstern und Stiftern sich vollziehen musste, welche in der Folge auch eine Aenderung der inneren Organisation, eine andere Behandlungsweise der verschiedenen Disciplinen und ein Steigen der wissenschaftlichen Leistungen nach sich zog. Anfänglich war aber, wie gesagt, die Trennung nur eine äusserliche; die einzelnen Magistri suchten sich eigene vom Kloster oder Stifte getrennte Lokalitäten für ihren Unterricht aus, da die alten Räumlichkeiten nicht mehr genügten; da aber die grosse Mehrzahl dieser Magistri Mitglieder des Stiftes waren, so war damit auch die Abhängigkeit ihrer Schulen von jenen Instituten gegeben.

Dieses Abhängigkeitsverhältniss war in der Person des Magister scholarum, der, wie wir gesehen haben, gewöhnlich zugleich Kanzler der Abtei oder des Domstiftes war, verkörpert. Ursprünglich selbst Lehrer, trat derselbe, wie die Verhältnisse mannigfaltiger und verwickelter wurden, der Zudrang zu den bedeutenderen Schulen eine äusserliche Trennung derselben vom Stifte

---

[1]) Geschichte des Unterrichtswesens in Deutschland von den ältesten Zeiten bis zur Mitte des 13. Jahrhunderts. Stuttgart 1885. pag. 172—191.

nothwendig machte und dadurch auch eine Umgestaltung des Unterrichtes hervorgerufen wurde, in der Folgezeit vom Unterrichte zurück, behielt aber immerhin die oberste Aufsicht über die Schule und was das wichtigste war, das Recht, die Magistri zu ernennen. Dieses Recht der Ernennung ging freilich bald in eine blosse Ertheilung der licentia docendi über, denn es war selbstverständlich, dass bei der wachsenden Ausdehnung dieser gelehrten Schulen, bei der Erweiterung des Lehrstoffes und der damit verbundenen ausserordentlichen Zunahme von Lehrkräften der der Schule ferner stehende Kanzler nicht mehr im Stande war, die Tüchtigkeit jedes Kandidaten für das Lehramt selbst zu erproben, mithin dieses Tüchtigkeitsexamen mit der Zeit von selbst der Schule, resp. den Magistern derselben zufallen musste[1]. — So rückte also der Kanzler der Schule immer ferner und ging nach und nach von einer innerhalb derselben stehenden, sogar zur Lehrerschaft gehörigen Persönlichkeit in eine „extra corpus scholasticum" stehende Behörde von rein formaler Bedeutung über. Dem geistlichen Stande aber gehörte der Kanzler der Universitäten des Mittelalters bis ins 16. Jahrhundert hinein stets an.

Es sei mir gestattet, nach diesen allgemeinen Betrachtungen über die Entwicklung der ältesten Universitäten aus den Kloster- und Stiftsschulen kurz noch einige specielle Momente aus der Entstehungszeit einiger dieser hohen Schulen anzuführen.

Die Pariser Universität hatte ihren Ursprung in der Domschule Nôtre-Dame auf der Seine-Insel gleichen Namens; um diese Domschule herum entwickelten sich im Laufe des 11. und 12. Jahrhunderts eine Reihe von Schulen, die zusammen das Studium generale Parisiense bildeten, das unter dem Kanzellariat des Bischofs stand. Allein es war jedem Lehrer, der die licentia docendi von einem bischöflichen oder äbtischen Kanzler empfangen hatte, erlaubt, seine Schule zu errichten, wo es ihm beliebte, auch ausserhalb des Machtgebietes des betreffenden Bischofs oder Abtes; so kam es, dass in Folge unvermeidlicher Reibungen mit dem bischöflichen Kanzler der eine und andere Lehrer seine Schule anderswo aufschlug und zwar geschah dies auf dem linken Seineufer im Gebiete der Abtei St. Geneviève. Ueber diese Schulen hatte der bischöfliche Kanzler nun keine Macht, sie standen unter der Aufsicht des Kanzlers der genannten Abtei; sie wurden aber gleichwohl zum Studium generale Parisiense gezählt, so dass wir also hier die eigenthümliche Erscheinung haben, dass die Universität Paris in der ersten Zeit zwei Kanzlern gehorchte, was ihrer raschen und selbstständigen Entwicklung nur förderlich sein konnte, indem wie V. A. Huber[2] bemerkt, der eine gewährte, was der andere verweigerte und in Folge dessen die Abhängigkeit von beiden immer geringer wurde.

Eine ganz analoge Entstehung aus schon vorhandenen kirchlichen Schulen finden wir bei Orléans und Toulouse. — Die Universität Cambridge verdankt ihren Ursprung dem nördlich von ihr in Lincolnshire gelegenen alten Kloster Croyland. „Der Abt Goisfred, welcher in Orléans seine scholastische Bildung erhalten hatte, und von 1109 bis 1124 dem Kloster vorstand, siedelte einige seiner Mönche auf dem dicht bei Cambridge belegenen Pachthofe Cottenham an. Von hier aus begaben sie sich täglich nach Cambridge und eröffneten eine Schule

---

[1] So ist an der Pariser Universität seit dem Ende des 13. Jahrhunderts von einer Prüfung durch den Kanzler nicht mehr die Rede, sondern nur von Ertheilung der Licenz an die von den Lehrern geprüften und empfohlenen Kandidaten. Vergl. V. A. Huber, die englischen Universitäten, 1. Bd. pag. 27.

[2] A. a. O. 1. Bd. pag. 28.

für alle damals entwickelten Zweige der scholastischen Bildung. Anfangs lehrten sie in einer Scheune, bald aber war der Zulauf so gross, dass kein Gebäude hinreichte, die Wissbegierigen alle zu fassen, so dass sie in verschiedene Abtheilungen oder Schulen vertheilt werden mussten."[1]) Diese Schulen bilden den scholastischen Stamm der Universität Cambridge, die im Jahr 1229 zum ersten Male urkundlich als Universität auftritt; doch mag sie als eigentliche Universität noch älter sein, da eine im Jahre 1209 in Folge eines Tumultes in Oxford stattgefundene Auswanderung von gegen 3000 Scholaren und Magistern theilweise nach Cambridge konstatirt ist.

Anders verhält es sich in Bezug auf die Entstehungsweise mit Oxford. Hier sucht Huber[2]) mit vielem Scharfsinn nachzuweisen, dass die Universität weder unmittelbar aus einer Kloster- oder Domschule hervorgegangen, noch an kirchliche Anstalten sich angelehnt hat, sondern in ihrer allerdings einige Male unterbrochenen Entwicklung auf die von Alfred dem Grossen am Ende des 9. Jahrhunderts daselbst errichteten Schulen zurückzuführen ist, an welche derselbe die berühmtesten Gelehrten jener Zeit, wie z. B. einen Joh. Scotus Erigena und Asser als Lehrer berief.[3])

Die Gründung der ältesten deutschen Universitäten unterscheidet sich von derjenigen der bis jetzt besprochenen dadurch, dass bei den letzteren der Uebergang aus den Stiftsschulen zur eigentlichen Universität ein allmähliger, nicht durch hervortretende Zeitmomente markirter ist, während bei den deutschen Universitäten der Tag, an welchem sie zu eigentlichen studia generalia gestempelt wurden, durch das Datum der päpstlichen Errichtungsbulle genau fixirt ist.[4]) Aber sowohl in Prag als in Wien und Köln bestanden vor der Gründung der Universitäten schon mehr oder weniger entwickelte kirchliche Schulen, die, obschon nur einseitig nach theologischer Richtung hin ausgebildet, doch als die Grundsteine der späteren Universitäten betrachtet werden müssen. Besonders waren die Stifts- und Klosterschulen von Köln schon mehr als 100 Jahre vor der Errichtung der Universisät berühmte Lehranstalten; hier lehrten die grossen Scholastiker Albertus Magnus, Thomas von Aquino und kurze Zeit auch Duns Scotus; Köln war neben Paris der bedeutendste Sitz der Scholastik.

Es ist wohl am Platze, im Folgenden noch mit kurzen Worten auf die Organisation der ältesten Universitäten einzutreten. Wir halten uns hier an die Einrichtungen der Pariser Universität, als Muster für die späteren Gründungen. Den Grundstock der Universität bildete die Artistenfacultät, d. h. die Gesammtzahl der Lehrer und Studirenden der 7 freien Künste; diese Facultät war gleichsam die Vorbildungsanstalt für die späteren Spezialstudien in Theologie, Jurisprudenz und Medicin, sie gab jedem Studirenden ohne Unterschied der späteren Berufswahl die allgemeine Bildung als Grundlage. Die artistische Facultät stand also in wissenschaftlicher Beziehung unter den drei anderen, in Rücksicht auf die Frequenz und ihre Rechte in organisatorischer Rich-

---

[1]) A. a. O. pag. 103. Huber entlehnt diese Erzählung der Fortsetzung der Ingulf'schen Geschichte des Klosters Croyland von Petrus Blesensis.

[2]) A. a. O. pag. 57 und ff.

[3]) P. Denifle (Die Universitäten des Mittelalters bis 1400) ist anderer Ansicht, er verweist die Alfred'sche Stiftung von Oxford in das Reich der Fabel. Das schärfste Zeugniss gegen Huber's Ansicht scheint uns die Thatsache zu sein, dass Asser in seiner vita Alfredi nichts von einer solchen Stiftung erwähnt, er, der doch selbst von Alfred nach Oxford als Lehrer berufen worden sein soll.

[4]) Prag am 26. Januar 1347; Wien am 18. Juni 1365; Heidelberg am 23. Oct. 1385; Köln am 21. Mai 1388; Erfurt am 4. Mai 1389.

— 43 —

tung aber war sie die wichtigste. Ihre sämmtlichen Lehrer und Studenten theilten sich in vier Nationen (die französische, normännische, picardische und englische oder später deutsche; Studenten und Lehrer anderer Nationen schlossen sich einer von diesen an), jede mit einem von ihr gewählten Procurator an der Spitze; diese Procuratoren der vier Nationen wählten den Rector der Universität[1]) und zwar längere Zeit nur aus der Artistenfacultät. Diesen vier Nationen der Artistenfacultät schlossen sich als gleichberechtigte selbstständige Corporationen die drei oberen Facultäten an, jede mit einem Decan an der Spitze. Hieraus ersieht man also deutlich das Uebergewicht der Artistenfacultät; sie hatte in die gesammte Universität betreffenden Entscheidungen mit ihren Nationen vier Stimmen, die übrigen Facultäten nur drei[2]); ferner konnte der Rector lange Zeit nur aus ihrer Mitte allein gewählt werden und bei seiner Wahl wirkten die drei oberen Facultäten nicht mit.[3]). — Die Organisation der ältesten deutschen Universitäten stimmt allerdings hierin nicht ganz mit der Pariser überein; Prag hatte Einiges von Bologna entlehnt, so gab es anfänglich an der Universität nur Artisten und Juristen[4]), die Theologen und Mediciner waren unter den ersteren inbegriffen; in Bezug auf die Wahl des Rectors der universitas juristarum schlug Prag den Mittelweg zwischen der aristokratischen Verfassung von Paris und der höchst demokratischen von Bologna ein: das Wahlrecht hatten neben den Magistern auch die Studenten, während in Paris nur die Procuratoren, in Bologna nur die Studenten wählen durften; hier waren eben die Lehrer die bezahlten Angestellten der Studenten, folglich lag auch bei den letzteren die Macht.
— Wien war anfänglich ganz Paris nachgebildet: es hatte vier Nationen mit vier Procuratoren, drei obere Facultäten mit drei Decanen und einen aus der Artistenfacultät gewählten Rector. Doch schon im Jahre 1384 wurde durch Herzog Albrecht III. die Universität reorganisirt, oder besser gesagt neu gestiftet, und theilte sich von jetzt an in vier Nationen mit vier Procuratoren an der Spitze und in vier Facultäten mit vier Decanen. Die vier Procuratoren wählten halbjährlich den Rector aus einer beliebigen Facultät. Die Universitätsgeschäfte allgemeiner Natur wurden in den Generalversammlungen abgethan, welche der Rector präsidirte und zu welchen er ausser den Decanen und Procuratoren sämmtliche Doctoren und Magister, bisweilen auch die Licentiaten und Baccalarien berief. Rein wissenschaftliche Fragen wurden von der zuständigen Facultät unter Vorsitz ihres Decans behandelt. Das Universitätsgericht bestand aus dem Rector als Präsident und den vier Procuratoren als Beisitzern; in wichtigen Fällen konnte er auch die Decane und andere sachverständige Personen beiziehen. Wir sehen also in den Nationen, Procuratoren und dem Rector die politische und richterliche Seite der Universität vertreten, in den Facultäten und Decanen die wissenschaftliche; diesen beiden Richtungen entsprechen auch die beiden verschiedenen Namen

---

[1]) P. Denifle weist in dem oben angeführten Werke (pag. 106—132) nach, dass der Rector anfänglich nur Haupt der 4 Nationen, dann Haupt, d. h. Decan der Artistenfacultät war, erst gegen die Mitte des 14. Jahrhunderts kamen auch die 3 obern Facultäten unter seine Botmässigkeit, wurde er also Rector der ganzen Universität.

[2]) Nach V. A. Huber bis ins 15. Jahrhundert hinein (A. a. O. pag. 46).

[3]) Savigny citirt (a. a. O. pag. 329) den art. 75 der statuta facul. art., nach welchem der Rector, wenn er während seines Amtes den Doctorgrad in einer der 3 oberen Facultäten erlangen wollte, das Rectorat niederlegen musste.

[4]) Im Jahre 1372 trennten sich die Juristen ganz von den Artisten und bildeten eine eigene Universität unter eigenem Rector (specialis universitas juristarum), so dass also in Prag von 1372 bis etwa 1420 zwei selbstständige Universitäten bestanden.

dieser hohen Schulen: Universitas (doctorum, magistrorum et scholarium) und studium generale.[1]) — Diese Eintheilung in Nationen an den älteren Universitäten steht in unmittelbarer Beziehung zu der politisch-richterlichen Seite dieser Anstalten; so lange diese von eben so grosser Bedeutung war als die wissenschaftliche, so lange hatte auch diese Einrichtung ihren Bestand; mehr und mehr aber traten die Facultäten mit ihrem wissenschaftlichen Einfluss hervor, der internationale Charakter der Wissenschaften verwischte allmählig den föderativen Zug politischer Corporationen und Leipzig, gestiftet 1409, war die letzte Universität mit Nationeneintheilung.

Die ganze Lehr- und Lernthätigkeit an diesen mittelalterlichen Universitäten war eine von der heutigen völlig verschiedene; der Student war nicht nur Lernender, sondern in den späteren Semestern auch Lehrender, der Professor war nicht nur Lehrender, sondern in den ersten Jahren auch noch Lernender. Die ganze Institution glich weniger einer Lehranstalt unserer Zeit, als vielmehr einer Handwerkerzunft des Mittelalters. Friedrich Paulsen schildert in einem Artikel von Sybel's historischer Zeitschrift (Bd. 45.) den Lern- und Lehrgang dieser alten Universitäten in äusserst anschaulicher Weise, die ich meinen Lesern nicht vorenthalten will; er sagt u. A.: „Mit Recht ist die mittelalterliche Universität eine gelehrte Zunft genannt worden, oder vielmehr eine Gruppe von vier vereinigten Zünften, denn jede Facultät ist mit Beziehung auf das gelehrte Handwerk völlig selbständig. Wer das Handwerk lernen will, zieht in die Stadt, wo eine von der höchsten Lehrbehörde (in jener Zeit der Papst) mit dem Privileg, Lehrlinge anzunehmen und sie zu Meistern zu machen, ausgestattete Meisterschaft vorhanden ist. Als Lehrling (scholaris) schliesst er sich einem bestimmten Meister (Magister artium) an; meist tritt er auch in seinen Haushalt ein, freilich den Haushalt eines Cölibatärs, der mit seinen Lehrlingen auf klösterliche Weise zusammenlebt. Nachdem er in etwa zweijährigem Cursus die Anfangsgründe des Handwerks erlernt hat, macht ihn der Meister, nachdem er der versammelten Meisterschaft vorgestellt und von ihr geprüft worden ist, zum Gesellen (baccalarius). Dieser fährt fort zu lernen, aber er beginnt auch, unter Aufsicht des Meisters, die Elemente der Kunst seinerseits zu lehren; durch den Geselleneid wird er geradezu dazu verpflichtet. Nachdem er etwa zwei Jahre als Geselle gelehrt und gelernt hat, wird er, nachdem er wieder vor der versammelten Meisterschaft geprüft und von der kirchlichen Behörde (dem Kanzler) mit der licentia ausgestattet ist, von seinem Meister zum Meister gemacht, indem er die Insignien der Meisterschaft in öffentlichem Akt empfängt. Nun zieht er aber nicht etwa mit seiner Kunst nach Haus, sondern durch den Meistereid, den er vor der Ertheilung der Insignien schwört, ist er verpflichtet, wenigstens noch zwei Jahre in der Stadt zu bleiben, um als Meister zu lehren, theils um seiner eigenen Vervollkommnung willen, wesentlich aber um die Meisterschaft aufrecht zu erhalten. Von dem Augenblick seiner Promotion an kann er nun selbständig Lehrlinge aufnehmen und zu Gesellen und Meistern machen. Das ist der vollständige Cursus der Zunft der freien Künste oder der facultas artium. Nach zweijähriger Ausübung der Meisterschaft mag man die Stadt verlassen und sich eine Lebensstellung suchen. Man mag aber auch dableiben, um die höheren Künste auf dieselbe Weise zu lernen: Medicin, Jurisprudenz, oder die höchste und letzte, die Theologie. Dazu laden ein die Stiftungen (collegia), in denen man Wohnung und einiges

---

[1]) Das Universitätssiegel vereinigte beide Namen in folg. Weise: Sig. universitatis doctorum magistrorum et scholarium studii Viennensis.

Einkommen erhält; weiteres mag man gewinnen von seinen Lehrlingen, die Lehrgeld (pastus, minerval) geben. Man bleibt dann Meister in der Artistenzunft (Professor in der philosophischen Facultät würden wir sagen) und ist Lehrling oder Geselle in einer der andern Zünfte. Erst wenn man Meister in einer der höhern Facultäten wird (d. h. Doctor), scheidet man aus der untern aus. Erhält man dann eine Kanonikatspräbende, so mag man auch lebenslang an der Universität bleiben und hat nun eine Stellung, die unseren Professuren einigermassen ähnlich ist."

Es wird wohl kaum nothwendig sein, hinzuzufügen, dass nur ein kleiner Procentsatz der die Universität Besuchenden diesen Studien- und Lehrgang vollständig absolvirte; die grosse Mehrzahl kam über das Baccalariat der Artistenfacultät nicht hinaus, sie begnügten sich mit der Erwerbung desjenigen Grades der allgemeinen Bildung, den ihnen diese Facultät bieten konnte. Und wiederum die grössere Zahl derjenigen, die nach Absolvirung der Artistenfacultät[1]) in einer der oberen Facultäten studiren wollten, machten auch hier nicht den ganzen Cursus durch, Doctoren wurden meistens nur diejenigen, die sich dem Lehrfache widmen, d. h. ständige Lehrer der Universität bleiben, oder auf eine höhere kirchliche oder staatliche Stellung Anspruch machen wollten.

Es sei hier noch mit einigen Worten der eigenthümlichen Einrichtung der Collegien gedacht. Diese ersetzten die heutigen Stipendien, bestanden aber nicht in Geldbeiträgen, die ärmeren Schülern periodisch verabreicht wurden, sondern in freier Wohnung und Kost während der Studienzeit in einem zu diesem Zwecke bestimmten Gebäude. Diese Collegien wurden für Studirende aller vier Facultäten, hauptsächlich aber für Artisten und Theologen, von reichen Privaten, Lehrern und Freunden der Universität, von Fürsten und geistlichen Würdenträgern gestiftet; die Scholaren standen unter der Aufsicht und Leitung eines Magisters oder anderen Graduirten und genossen auch den Unterricht dieses Lehrers in demselben Gebäude; daneben besuchten sie aber auch die Vorlesungen in anderen Collegien. Später änderte sich der Zweck dieser Collegien aber wesentlich, indem nicht nur arme Scholaren, sondern auch wohlhabende Studenten und Lehrer[2]) in dieselben aufgenommen wurden; der Unterricht wurde so immer mehr in die verschiedenen Collegien decentralisirt und die Universität (wenigstens die artistische und die theologische Facultät) gleichsam in eine Anzahl von Internatsschulen aufgelöst. — Besonders reich an Collegien waren die ausserdeutschen älteren Universitäten, wie Oxford, Paris[3]), Bologna; an den deutschen Universitäten prosperirten dieselben in dieser Art weniger, ihre Stelle vertraten hier theilweise die sog. Bursen (bursae), die wir mit den heutigen Convicten vergleichen können. Es waren dies entweder der Universität gehörende Häuser, oder von Magistern (die auf diese Weise ihr geringes Einkommen zu erhöhen suchten) gemiethete Privathäuser, in denen die Studenten, in erster Linie diejenigen der Artistenfacultät gegen je nach den Mitteln variirende Entschädigung[4]) Kost, Logis und Unter-

---

[1]) Die Magisterwürde der Artistenfacultät wurde übrigens für den Eintritt in eine der oberen Facultäten nicht verlangt, das Baccalariat genügte; wer aber magister artium war, konnte die Grade der oberen Facultäten schneller erreichen.

[2]) Für die Lehrer war diese Versorgung als Magister, Regens, Gubernator, Rector collegii ein Ersatz für die zu jener Zeit noch ganz oder theilweise fehlende fixe Besoldung.

[3]) Das berühmteste Collegium der Pariser Universität war die im Jahre 1250 von dem Geistlichen Robert de Sorbonne gestiftete Sorbonne, welches, weil es späterhin beinahe die gesammte theologische Facultät in sich vereinigte, oft unrichtig mit dieser identificirt worden ist.

[4]) Die pauperes anerboten sich als Bediente (famuli) und erhielten dafür freien Unterhalt.

richt von dem Magister, dem rector oder regens bursae erhielten und unter seiner persönlichen Aufsicht standen. Nur auf besondere Erlaubniss des Rectors der Universität hin durfte ein Student der Artistenfacultät ausserhalb einer Burse, also für sich privatim wohnen. Neben dem Unterricht, den ihnen der Meister der Burse ertheilte, hörten die Mitglieder einer solchen noch die Vorlesungen anderer Magister in den Universitätshäusern, welche Collegien genannt wurden, aber zum Unterschiede von den Collegien der englischen und romanischen Universitäten nur Hörsäle und Wohnungen für die Magister enthielten[1]). In Exercitien und Disputationen wurde dann das Gehörte unter Leitung des Rectors der Burse eingeübt und verarbeitet.

Das Einkommen der Magister und Doctoren bestand bis ins 15. Jahrhundert hinein nicht aus einer fixen Besoldung, die von der Regierung des betreffenden Landes oder der Stadt regelmässig ausbezahlt wurde, sondern setzte sich zusammen aus den Vorlesungsgeldern (pastus, minerval), den Promotionsgebühren, aus Wohnung und Unterhalt im Collegium, aus den Einkünften als Rector einer Burse und aus Kanonikatspfründen. Was die Vorlesungsgelder anbetrifft, so scheinen solche nur in der Artistenfacultät gefordert worden zu sein, wenigstens findet man in den Statuten der obern Facultäten keine Taxen für die einzelnen Vorlesungen verzeichnet, wie dies in denjenigen der Artistenfacultät der Fall ist[2]) (man vergleiche weiter unten die Verzeichnisse von Vorlesungsgebühren). Dagegen waren die Promotionsgebühren in den oberen Facultäten sehr bedeutend, besonders in der theologischen, wo eine ganze Reihe von Graden bis zum Doctor durchlaufen werden mussten: Vom Scholaris stieg man zum Baccalarius biblicus oder Cursor, dann zum Sententiarius, hierauf zum Baccalarius formatus empor; nach zwei Jahren wurde man Licentiat und endlich Magister oder Doctor; bei jeder dieser Stufen musste man eine beträchtliche Gebühren bezahlen[3]). In den Statuten der Wiener juristischen Facultät finden wir eine Bestimmung, die als Ersatz für das fehlende Collegiengeld zu betrachten ist, dass nämlich jeder Schüler, wie auch jeder Baccalarius zu Handen des Doctors, bei dem er Vorlesungen hört, wenigstens einen Gulden per Jahr zu bezahlen habe[4]). Merkwürdigerweise finden wir diese Verordnung weder in den Statuten der theologischen noch der medicinischen Facultät. Aber gesetzt auch, die oberen Facultäten hätten wie die artistische Honorare für die einzelnen Vorlesungen verlangt, so wären diese auch mit den Promotionsgebühren keineswegs hinreichend gewesen, den Lehrern einen auch nur anspruchslosen Lebensunterhalt zu sichern, denn die Zahl der Zuhörer in den drei höhern Facultäten war durchschnittlich eine geringe. Hier halfen nun die Collegiaturen und kirchlichen Pfründen aus; die ersteren wurden vom Landesfürsten oder reichen Gönnern der Universität gestiftet, die letzteren

---

[1]) Paulsen (a. a. O. pag. 410) bemerkt, es hätten sich in diesen Collegien in der Regel auch Kammern befunden, welche an Studirende vermiethet wurden.

[2]) Die Heidelberger Statuten vom Jahre 1558 enthalten sogar für die Artistenfacultät die Bestimmung, dass für keine Vorlesung, die in einem Hörsaale der Universität gelesen wurde, etwas bezahlt werden musste, nur für solche, die ein Professor zu Hause hielt, durfte er ein Honorar verlangen. (Hautz, Gesch. der Univers. Heidelberg, 2. Bd. pag. 21.)

[3]) In Basel musste der Theologie Studirende nach W. Vischer (Gesch. der Univers. Basel 1860 pag. 215) überdies noch bei jeder regelmässigen Disputation dem präsidirenden Doctor 16 Schilling bezahlen.

[4]) Statuimus quod pro collecta singuli Doctoris vel Legentis loco Doctoris quilibet ipsius Baccalarius vel Scolaris solvere teneatur unum florenum ad minus in anno. Nobiles vero vel loca Nobilium tenentes, secundum quod eorum liberalitati visum fuerit largiantur.

durch päpstliche Bulle oder von Kirchenpatronen der Universität incorporirt, d. h. die Einkünfte einer Chorherrenstelle irgend eines Stiftes z. B. wurden der Universität zugewiesen, in dem Sinne, dass einer ihrer Lehrer dieses Kanonikat empfing, also selbst Chorherr wurde, die Einkünfte der Stelle bezog, zugleich aber ganz oder theilweise der Verpflichtung entbunden wurde, im Stifte zu wohnen und die mit der Stelle verbundenen kirchlichen Functionen auszuüben; es kam vor, dass ganze Stifter der Universität förmlich einverleibt wurden, oder freiwillig sich mit ihr vereinigten, so dass sämmtliche Chorherren zugleich Professoren der Universität waren.[1]) Auf gleiche Weise wie solche Kanonikatspräbenden wurden nun auch Pfarreien der Universität einverleibt. Wir sehen also, dass diese mittelalterlichen Universitäten in innigster Beziehung zur Kirche standen, dass sie gleichsam nur zu Generalstudien erweiterte Dom- und Stiftsschulen waren, oder wie Paulsen[2]) bemerkt, „freier construirte Collegiatstifte, bei denen von den beiden Functionen dieser kirchlichen Anstalten, der Lehre und dem Gottesdienst, die Lehre das Uebergewicht hat, während bei den gewöhnlichen Collegiatstiften der Gottesdienst überwiegt und die Lehre als die weniger wichtige, aber nirgends ganz fehlende Function erscheint."

II.

Wie wir oben pag. 4 schon ausgeführt haben, bildete die Artistenfacultät den Grundstock der mittelalterlichen Universitäten, sie war nicht wie heutzutage den übrigen Facultäten beigeordnet, sondern untergeordnet, deswegen aber keineswegs von geringerer Bedeutung als die drei oberen, hatte sie doch weitaus die grösste Frequenz, und konnte Keiner einen Grad in den drei höheren Facultäten erlangen, wenn er nicht vorher die artistische Facultät bis zu einer gewissen Stufe absolvirt hatte.[3])

Dass in Paris und anfänglich auch in Wien und Heidelberg der Rector der Universität nur aus der Artistenfacultät gewählt werden konnte, ist oben auch schon erwähnt worden; dabei konnte er allerdings Baccalarius der Theologie oder Licentiatus der Rechte oder der Medicin sein, denn als solcher gehörte er noch immer der Artistenfacultät an, erst wenn er Licentiatus der Theologie, oder Doctor juris oder medicinae wurde, trat er aus der Artistenfacultät aus.

Diese Facultät war im Mittelalter für die Universität dasjenige was heutzutage das Gym-

---

[1]) So verhielt es sich z. B. mit dem Stifte zu St. Peter in Basel, das am 18. Januar 1463 mit allen seinen Kanonikaten und Präbenden sich freiwillig der Universität incorporirte. (Vischer, pag. 51.)
[2]) A. a. O. pag. 283.
[3]) Die Bestimmungen hierüber sind verschieden: In Leipzig musste derjenige, der den untersten theolog. Grad erlangen wollte, Magister artium oder wenigstens Licentiatus sein (vergl. Zarncke, Statutenbücher der Univers. Leipzig, pag. 547); in Wien ist diese Bestimmung etwas abgeschwächt, es heisst: quod nemo promoveatur ad gradum in dicta facultate, nisi sit sufficiens magister in artibus vel saltem quomodocunque ita edoctus, quod sufficienter sciat in Theologicis scolis et opponere et respondere (vergl. Kink, Gesch. der Univers. Wien, 2. Bd. pag. 107). Für das Baccalariatsexamen in Medicin verlangen die Wiener Statuten folgendes: Si est magister in artibus, debet audivisse in facultate medicinae ad minus duobus annis. Si Baccalarius in artibus, duobus cum medio. Si simplex scolaris, ad minus debet tribus annis in studio generali in eadem facultate studuisse (Kink, 2. Bd. pag. 158).

nasium ist, nämlich die durch Ertheilung einer allgemeinen Bildung zum höheren Studium vorbereitende Anstalt. Erst mit der Reformation entstanden die besonderen Vorbereitungsanstalten für das Universitätsstudium, die man Gymnasien, Pädagogien, Lyceen etc. nannte. Bevor aber diese Schulen als selbständige, von der Universität getrennte Anstalten auftreten, findet man in den meisten Universitätsstädten ähnliche Vorbereitungsschulen für die Artistenfacultät, die wir elementare Lateinschulen nennen können, die aber ganz unter Aufsicht und Direction der Universität gestellt waren.[1]) Ihr Lehrpensum war der Elementarunterricht in lateinischer Sprache, in Logik und Rhetorik und im Rechnen (Algorismus integrorum annexis probis et minutiarum physicarum. In ordinario hiberno in Ecclesiasticis computationibus. — Krabbe, pag. 353.). Durch diese Vorkurse wurde der Lectionsplan der Artistenfacultät von diesen niederen Disciplinen entlastet.[2]) Uebrigens kamen auch in der früheren Zeit, da solche Vorbereitungskurse noch nicht existirten, die Studenten gewöhnlich nicht ganz ohne jegliche Vorbildung an die Universitäten; an den Kloster-, Dom- oder Stadtschulen ihrer Heimat hatten sie die Rudimente der lateinischen Sprache gelernt; aber selbst wo diese fehlten, wurde die Immatriculation doch nicht beanstandet: unter einem eigenen Erzieher (Pädagogen) oder durch fleissige Uebungen in den Bursen wurde der Student bald zum Verständniss der Vorlesungen befähigt.

Der Unterrichtsstoff der artistischen Facultät, und daher kommt ihr Name, bewegte sich durch das ganze Mittelalter hindurch innerhalb der Grenzen der 7 freien Künste (septem artes liberales), wie sie zuerst von Martianus Capella in seinem „Satiricon, oder de nuptiis philologiae et mercurii" als Compendium des allgemeinen Wissens zusammengestellt, dann von Magnus Aurelius Cassiodorius[3]) und später von Alcuin[4]) und Hrabanus Maurus[5]) als wohl vereinbar mit den christlichen Studien, ja sogar als nothwendig für das Verständniss der heiligen Schriften erklärt worden waren. Doch waren Art und Umfang des Stoffes der sieben Disciplinen auf den Universitäten des 13. und 14. Jahrhunderts wesentlich anders, als in den Kloster- und Stiftsschulen der früheren Jahrhunderte: das Wissen machte auch im Mittelalter Fortschritte, ein Stillstand ist in der Kulturentwicklung der Menschheit überhaupt nie zu verzeichnen. Von grösstem Einfluss auf die Erweiterung des wissenschaftlichen Gesichtskreises war die Berührung des christlichen Abendlandes mit den Arabern, die mit erstaunlicher Leichtigkeit sich des philosophischen und mathematischen Wissens der Griechen bemächtigt hatten. Von den Arabern hauptsächlich, nur in geringem Masse auf directem Wege, gelangten die philosophischen Werke eines Aristoteles und Platon, die mathematischen eines Euklides und Ptolemaeus zur Kenntniss der Abendländer, allerdings, besonders was die ersteren betrifft, durch zweimaliges Uebersetzen

---

[1]) So in Wien die Schule zu St. Stephan, in Rostock das Pädagogium „Porta Coeli", das seit Gründung der Universität (1419) bestand und „pro triviali eruditione parvulorum" diente (Krabbe, Gesch. d. Univers. Rostock, p. 354). In Wien kam es nach Paulsen (pag. 402) wiederholt vor, dass der Rector der Universität und rector puerorum bei St. Stephan eine und dieselbe Person waren.

[2]) In der That enthält der Lectionsplan der Rostocker Artistenfacultät vom Jahre 1520, aus welchem auch derjenige des Pädagogiums datirt, die Vorlesungen über Algorismus und Computus nicht mehr.

[3]) In den Werken: De institutione divinarum literarum, und de septem disciplinis, oder de disciplinis liberalium literarum, an verschiedenen Stellen.

[4]) In seinen Epistolae, vergl. besonders 217.

[5]) De institutione clericorum, Lib. III.

und unverständige Commentirung ziemlich entstellt. Der Einfluss, den die Aristotelischen Schriften auf das gesammte Denken des wissenschaftlichen Abendlandes ausübten, war ein ungeheurer, die scharfe Dialektik des grossen Stagiriten drang in das theologische Lehrgebäude ein und schuf hier in falscher Anwendung das sogenannte scholastische Lehrsystem, das vier Jahrhunderte lang das wissenschaftliche und religiöse Leben der Culturvölker Europa's beherrscht hat. Von den sieben freien Künsten hatte schon auf den Kloster- und Stiftsschulen das Trivium (Grammatik, Rhetorik, Dialektik) vor dem Quadrivium (Arithmetik, Geometrie, Musik, Astronomie) einen grossen Vorrang[1]), auch auf den Universitäten blieb dem letzteren, wie wir im folgenden Abschnitte sehen werden, nur ein bescheidenes Plätzchen reservirt; aber als die Herrschaft des Aristoteles begann, traten selbst im Trivium Grammatik und Rhetorik vor der Dialektik in den Hintergrund; diese bildete von nun an, als die verschiedenen Theile der Aristotelischen Philosophie, den Hauptunterrichtsstoff der Artistenfacultät, so dass diese mit viel grösserem Recht als heutzutage die philosophische Facultät hätte genannt werden können. Auf das Wesen der Scholastik können wir hier nicht näher eintreten, nur dies sei bemerkt, dass sich die Scholastiker schon im 12. Jahrhundert in die zwei grossen Parteien der Realisten und Nominalisten spalteten, die sich während der ganzen Dauer der scholastischen Philosophie aufs heftigste bekämpften, so dass sogar noch in Basel in der 2. Hälfte des 15. Jahrhunderts die philosophische Facultät sich in zwei selbständige Facultäten, jede mit einem Dekan an der Spitze, trennte, von denen die eine nach dem „alten Weg" (Real.), die andere nach dem „neuen Weg" (Nominal.) lehrte, und wo es Baccalarien und Magister im alten und neuen Weg gab.

Gehen wir nun zum Studiengang an der Artistenfacultät über. Man begann mit der lateinischen Grammatik und zwar in der frühesten Zeit mit den Lehrbüchern des Aelius Donatus und des Priscianus. Im 13. Jahrhundert kamen zu diesen beiden hinzu das Doctrinale des Alexander de Villa Dei und der Graecismus des Ebrardus Bethuniensis (Eberhard von Béthune), neben welchen die beiden ersteren besseren Werke für längere Zeit in den Hintergrund traten[2]); im Ganzen wurde aber mit der zunehmenden Bedeutung der Aristotelischen Dialektik der Grammatikunterricht mehr und mehr auf die oben erwähnten Vorbereitungsschulen zurückgedrängt. — Wie schon auf den Kloster- und Stiftsschulen der ältern Zeit die Rhetorik eine viel geringere Beachtung fand, als die Grammatik, so war dies noch in weit grösserem Masse auf den Universitäten der Fall: sie verschwand als selbständige Disciplin fast ganz von den Lectionsverzeichnissen und wurde theils mit der Grammatik, theils mit der Dialektik verschmolzen. Wir finden in den Statuten der meisten Universitäten als nothwendige Vorlesung für das Baccalariatsexamen blos vorgeschrieben: „Unus oder aliquis liber in Rhetorica", es war dies gewöhnlich ein Buch aus Cicero's

---

[1]) Nur die Musik erfreute sich einer dem Trivium ebenbürtigen Beachtung. Die mathematischen Disciplinen hatte schon der Stifter des Benediktiner-Ordens gegenüber den andern als πάρεργα bezeichnet. „Erga sunt divinorum dogmatum et praeceptorum moralium peritia. Parerga sunt, ex quibus haec hominum erga Deum officia minime pendent. Astronomia, ceteraeque disciplinae mathematicae ad parerga non ad erga spectant". (Ziegelbauer, historia rei literar. Ord. S. Bened. Tom. II. pag. 326—27).

[2]) Die Wiener Statuten vom Jahre 1389 sprechen nur vom Doctrinale und vom Graecismus; in den Leipziger Statuten figuriren von der Gründung an bis ins 16. Jahrhundert hinein Donatus, Priscianus, Alexander und Florista; in Rostock von 1519 an gar keine Grammatiker mehr, indem diese im Pädagogium abgethan wurden.

Rhetorica ad Herennium, wie dies auch in den Basler Statuten von 1492 speciell ausgedrückt ist: „Quartus liber Tullii ad Herennium aut Laberintus". Uebrigens gehörten die grammatikalischen und rhetorischen Vorlesungen nicht zu den lectiones pro forma, d. h. den ordentlichen, und wurden desshalb gewöhnlich von Baccalarien gelesen[1]); zudem ist anzunehmen, dass ein grosser Theil der Studirenden in Grammatik so weit vorbereitet auf die Universität kam, dass er hierüber keine Vorlesungen mehr hören musste, um so mehr als die sprachlichen Uebungen in den Bursen noch dazu beitrugen, allfällige Lücken auf diesem Gebiete auszufüllen. Die Wiener Statuten vom Jahre 1389 sprechen es auch direkt aus, dass der Baccalariand die vorgeschriebenen grammatikalischen Vorlesungen nicht unbedingt auf der Universität gehört haben müsse.[2])

Von den grammatikalischen und rhetorischen Studien ging man zur Philosophie über. Dieselbe wurde schon im Alterthum in drei Theile getheilt, in Logik, Physik und Ethik. In das Gebiet der ersteren gehörten folgende Vorlesungen: Aristotelische oder aus Werken des Aristoteles zusammengetragene Schriften, nämlich die Parva logicalia (de suppositione, de ampliatione, de appellatione, de restrictione etc.), vetus ars oder vetus logica (umfassend die Aristot. Schriften de praedicamentis oder die Kategorien, und de interpretatione), libri priorum (analytica priora), libri posteriorum (analytica posteriora), liber elenchorum, libri topicorum (letztere vier auch unter dem Namen nova logica zusammengefasst), metaphysica, die summulae, d. h. eine die gesammte Logik umfassende Abhandlung des Petrus Hispanus, die introductio Porphyrii in praedicamenta Aristotelis; zu den logischen Vorlesungen müssen auch die libri rhetoricorum des Aristoteles gezählt werden, die bisweilen in den Lectionsverzeichnissen auftreten. — Zur Physik gehörten die Vorlesungen über folgende Schriften des Aristoteles: libri physicorum, de anima, de generatione et corruptione, de coelo et mundo, parva naturalia (d. h. die Schriften: de sensu et sensibili, de somno et vigilia, de memoria et reminiscentia, de longitudine et brevitate vitae, de juventute et senectute), libri meteororum (d. h. meteorologicorum). Zur Physik wurden auch die Disciplinen des Quadriviums gezählt; die gewöhnlichsten Vorlesungen auf diesem Gebiete waren: Algorismus, computus, sphaera materialis, arithmetica, theorica planetarum, proportiones, geometria, latitudines formarum, perspectiva communis, musica, mit welchen der nächste Theil sich eingehender befassen wird. — Als Vorlesungen, die ins Gebiet der Ethik gehören, sind zu nennen die Aristotelischen Schriften: libri ethicorum, libri politicorum, und libri oeconomicorum.

[1]) In den Basler Statuten von 1477 heisst es unter dem Titel Lectiones pro gradu baccalariatus: Libri grammaticales pro forma non leguntur. Si tamen quis magistrorum vel baccalariorum Donatum vel secundam partem Alexandri aut grecismum vel Priscianum legerit scolares interesse tenentur. (Vischer, pag. 153.) — In den Leipziger Statuten von 1499 steht unter dem Titel Libri audiendi pro gradu baccalariatus: Libri ad gradum baccal. sunt isti: Petrus Hispanus, Priscianus minor, vetus ars, priorum, posteriorum, elencorum, phisicorum, de anima, spera materialis. Et isti leguntur per magistros. — Donatus minor, secunda pars Alexandri vel Florista, algorismus et computus, et aliquis liber in rethorica. Et leguntur per baccalarios in canicularibus. (Zarncke, pag. 464.). — Die von 1471—1499 gültigen Statuten enthalten die Bestimmung, ut baccalarii tempore suspensionis aliarum lectionum in diebus canicularibus legendo aliquid in grammatica, rethorica aut in computualibus aut algorismo debeant se diligenter exercitare. (Zarncke, pag. 405.)

[2]) Item talis (Promovendus ad gradum baccalariatus) debet audivisse ubicunque complete et sine dolo libros infrascriptos: Primam et secundam partem Doctrinalis, secundam partem Grecismi, unum librum in Rhetorica. Item in scolis publicis alicujus Universitatis, in qua pro tunc fuerint ad minus tres Magistri arcium regentes, debet audivisse Summulas Petri Hispani, Supposiciones, etc. (Kink, 2. Bd. pag. 189.)

Der Haupttheil, oder besser gesagt, der fruchttragende Theil der mittelalterlichen Universitätsstudien bestand aber nicht sowohl in den Vorlesungen, als vielmehr in den Exercitien und Disputationen. In den Ersteren wurde der Stoff der wichtigeren Vorlesungen nochmals eingehend durchgearbeitet, repetirt, gegenseitig besprochen und Uebungen über denselben veranstaltet, sie entsprechen so ziemlich den heutigen Repetitorien und Seminarien. Die Disputationen dagegen sind eine spezifisch scholastische Institution; sie kamen und erreichten ihren höchsten Glanz mit der Herrschaft der Aristotelischen Dialektik[1]). Es ist nicht zu läugnen, dass sie ein vorzügliches Element in der wissenschaftlichen Erziehung des Mittelalters ausmachten, wie es die neuere Zeit nicht mehr aufzuweisen hat, und wenn man auch die kranken Auswüchse einer oft falsch angewandten, oder auf falschen Praemissen fussenden Syllogistik missbilligen muss, so kann man doch nicht umhin, zuzugestehen, dass durch diese dialektischen Turniere die Denkkraft des Menschen in hohem Grade geschärft, seine geistige Schlagfertigkeit ausserordentlich gefördert, sein Gedächtniss wesentlich gestärkt werden musste. Wie weit man es hierin bringen konnte, beweist der berühmte Scholastiker Duns Scotus, der im Jahre 1304 in Paris die Lehre von der unbefleckten Empfängniss Mariae den Dominikanern gegenüber in einer Disputation vertheidigte: Bei 200 Argumentationen wurden gegen seine Thesen aufgeführt. Ohne Unterbrechung hörte er dieselben an, dann wiederholte er alle nach ihrer Reihenfolge und löste die verzwicktesten Schwierigkeiten mit einer Leichtigkeit, wie Simson der Delila Stricke zerriss. Die Universität, entzückt ob dieser Kraft der Beweisführung, gab ihm den Titel: doctor subtilis.[2])

Diese Disputationen fanden regelmässig das ganze Jahr hindurch statt; sie zerfielen wie die Vorlesungen in ordinariae und extraordinariae; die Ersteren wurden regelmässig und gewöhnlich an einem Samstag abgehalten, die Letzteren folgten sich in weniger constanten Zwischenräumen und meistens zur Zeit der Ferien. Auch unterschied man zwischen Magister- und Baccalariendisputationen. In den Ersteren waren Magister die Präsidirenden (d. h. diejenigen, welche eine Streitfrage aufstellten und die Thesen darüber festsetzten) und Baccalarien die Respondenten (d. h. diejenigen, welche darauf antworteten und unter einanander darüber stritten); in den Letzteren (welche gewöhnlich auf den Sonntag, ausserordentlich auch in die Ferienzeit fielen) waren Baccalarien die Präsidirenden und Scholaren die Respondenten; sie fanden aber immer unter Aufsicht und Leitung eines Magisters statt. Kink[3]) beschreibt den Hergang bei einer solchen Disputation folgendermassen: „Bei einem solchen Acte waren alle Doctoren (Magister), Baccalarien und Schüler gegenwärtig. Die ersteren mit dem schwarzen Doctormantel und dem Birret nahmen auf hochgestellten Lehnstühlen Platz, welche längs den Wänden des Zimmers im Kreise herumstanden. Auf den Querbänken sassen voran die Baccalarien, hinter ihnen die Schüler; nur die Schüler der Artistenfacultät mussten in den ersten Zeiten sich bequemen, auf dem Boden zu lagern.[4]) Hierauf

---

[1]) Doch hielten sie sich an vielen Universitäten bis ans Ende des 18. Jahrhunderts.
[2]) Bulaeus, hist. Univ. Paris. Pars IV. pag. 70.
[3]) A. a. O. Bd. I. pag. 45.
[4]) Im Jahre 1366 noch durften die Studenten der Artistenfacultät in Paris auch in den Vorlesungen nicht auf Bänken oder Stühlen sitzen; die Statuten von damals enthalten folg. Paragraphen: Item quod dicti Scholares audientes suas lectiones in dicta facultate sedeant in terra coram magistris, non in scamnis vel sedibus elevatis a terra, sicut hactenus tempore quo dictae facultatis studium magis florebat, servabatur, ut occasio superbiae a juvenibus secludatur. (Bulaeus, Tom. IV. pag. 390.)

bestieg der Doctor, welcher die Disputation abhielt und ihr Praeses war, den Katheder, legte das Textbuch nieder, hob sich eine Stelle heraus und formulierte darüber eine „Quaestio", deren nähere Entwicklung, wenn er eine solche vornahm, „Determinatio" hiess. War dies geschehen, so begann das Amt der Baccalarien, welche in dieser Eigenschaft Respondenten genannt wurden und sich in Defendenten und Opponenten theilten. Zu diesem Behufe war ihnen ein eigener niedriger gestellter Katheder eingeräumt, auf welchem einer aus ihnen seine „Argumentatio" für oder wider vortrug und seinen Gegner erwartete. Hatte aber der Kampf in schnellen Fragen und Antworten zu geschehen, so bestiegen beide den Katheder, und stellten sich einander gegenüber; geriethen sie aber von der Frage ab, oder excedirten sie im Eifer des Kampfes, so war es Sache des Doctors, sie wieder auf den Ausgangspunkt zurückzuführen oder ihnen Stillschweigen aufzuerlegen. Schien sich die Sache zu keinem regelmässigen Verlaufe anzulassen, oder verwickelte sie sich dergestalt, dass eine Lösung nicht abzusehen war, so fällte der Vorsitzende einen Entscheid, dem sie sich fügen mussten. — — Auf diese Art wurden mehrere solche Quaestiones, welche die Aufrichtigkeit jener Zeit wohl auch geradezu „Sophismata" nannte, ausgefochten, bis endlich einer der Doctoren oder älteren Baccalarien den Vorgang mit einer Recommendation des Praeses und seines Faches schloss."

Eine besondere Erwähnung verdient noch die sogenannte Disputatio quodlibetica oder quodlibetaria, die nur einmal im Jahre stattfand und die einen eigentlichen Festact der Universität bildete und mehrere Tage, ja Wochen in Anspruch nahm. Sämmtliche Schüler, Baccalarien, Magister und Doctoren nahmen an derselben Theil, und ein einzelner Magister, der sogenannte Quodlibetarius wurde dazu bestimmt, den Vorsitz bei der Disputation zu führen, die Quaestiones, über welche disputirt werden sollte, aufzustellen, und was das wichtigste und anstrengendste bei der Sache war, auf sämmtliche Angriffe der anwesenden Magister zu antworten, weshalb auch die Reihenfolge, die einen Lehrer zu diesem Amt berief, nur mit Bangen erwartet wurde.[1]) Der Schluss dieser Disputation bildete einen drastischen Gegensatz zu dem wissenschaftlichen Ernste, der im Hauptheile herrschte: in der sogenannten Quaestio accessoria war es den Baccalarien gestattet, scherzhafte Fragen beliebigen Inhaltes zur Behandlung vorzuschlagen; der Quodlibetarius wählte gewöhnlich zwei derselben aus und beauftragte zwei der anwesenden Magister, auf dieselben zu antworten. Witz, Humor und Satire wetteiferten miteinander, um die im Banne streng logischen Denkens ermüdeten Geister aufzufrischen, zu ergötzen, und sie dem Frohsinn des durch keine Schranken gehemmten freien Lebens zurückzugeben. Man mag einen Begriff von dem Inhalt und der Wirkung dieser Scherzreden bekommen, wenn man die Titel derjenigen vier Heidelberger Quaestiones accessoriae vernimmt, die Zarncke in seiner Schrift: Die deutschen Universitäten im Mittelalter, I. Leipzig 1857, veröffentlicht hat, sie heissen: Monopolium et societas vulgo des Lichtschiffs, Monopolium der Schelmenzunft, de fide meretricum, de fide concubinarum; auf deren Inhalt einzutreten ist hier nicht der Ort.

Die Zeit, die zur Erlangung des Baccalariats vorgeschrieben war, betrug im Durchschnitt

---

[1]) Bei schwerer Geldstrafe, oder sogar Ausschluss von der Universität war ein Magister verpflichtet, dieses Amt anzunehmen, wenn er nicht durch Krankheit oder andere gewichtige Gründe verhindert war. Zur Wahl der Quaestiones war ihm allerdings längere Zeit gestattet und die respondirenden Magister mussten ihm ihre Thesen 2 Tage vorher mittheilen. (Thorbecke, Gesch. d. Univers. Heidelberg I. Theil. Anmerkungen pag. 61 ff.)

2 Jahre, in früherer Zeit mehr, in späterer weniger.[1]) Die hiefür verlangten Vorlesungen und Exercitien waren fast auf allen Universitäten im Grossen und Ganzen dieselben, ich gebe hier diejenigen von Wien vom Jahre 1389: „Prima et secunda pars Doctrinalis, secunda pars Graecismi, unus liber in Rhetorica, Summulae Petri Hyspani, Supposiciones, Ampliaciones et Appellaciones, Obligaciones, Insolubilia, Consequencias (diese letzteren sechs Vorlesungen wurden wie oben schon angeführt worden ist, auch unter dem Titel „Parva logicalia" zusammengefasst), Vetus ars, Priorum, Posteriorum, Elenchorum, Physicorum, de anima, Sphaera, Algorismus, primus liber Euclidis, aut alii libri equivalentes[2]." (Nicht an allen Universitäten wurde die Mathematik in diesem Grade berücksichtigt, wie wir im nächsten Theile sehen werden.) Ferner musste der Baccalariand die Exercitien in den logischen Disciplinen mitgemacht haben (in questionibus omnibus et consuetis scilicet Philosophorum, veteris artis atque priorum[3]), und die öffentlichen Disputationen musste er fleissig besucht und wenigstens 6 Mal respondirt haben, 3 Mal in ordentlichen, 3 Mal in ausserordentlichen Disputationen.[4])

Für das Licentiat oder Magisterium[5]) waren in Wien vorgeschrieben: „De coelo et mundo, de generatione et corruptione, meteora, parva naturalia, theoricae planetarum, quinque libri Euclidis, perspectiva communis, aliquis tractatus de proportionibus, et aliquis de latitudinibus formarum, aliquis liber de musica, et aliquis in arithmetica, sex libri ethicorum, metaphysica et topicorum." (Wie man sieht, herrschte in dieser zweiten Stufe der artistischen Studien die Physik vor, die Logik war nur noch durch Metaphysik und Topik, die Ethik durch die sex libri ethicorum vertreten.) Der Magistrand war ferner verpflichtet, die Uebungen mitzumachen, die sich auf die vetus ars, die libri priorum, posteriorum, physicorum, de generatione, de anima, et ethicorum erstreckten; ebenso hatte er die Disputationen der Magister fleissig zu besuchen und musste 6 Mal respondirt haben, 3 Mal in ordentlichen, 3 Mal in ausserordentlichen Disputationen[6]). Die Studienzeit vom Baccalariat bis zum Licentiat variirte ebenfalls in den verschiedenen Epochen: In Paris war sie bis 1366 2 Jahre, dann 1½, in Wien schon 1389 nur ein Jahr; an den meisten Universitäten war aber hierüber nichts vorgeschrieben, als die Erreichung des 21. Altersjahres vor der Zulassung zum Licentiatsexamen.

Wer die Magisterwürde erlangt hatte, war verpflichtet, noch 2 Jahre an der Universität zu bleiben, zu lehren und Uebungen und Disputationen zu besuchen und zu leiten[7]). Erst wenn

---

[1]) Paris im Jahre 1341 noch 4 Jahre, 1366 2 Jahre; Wien 1389 2 Jahre, Basel 1465 1½ Jahre, Leipzig 1409 2 Jahre, 1499 1½ Jahre.

[2]) Kink, 2. Bd. pag. 189.

[3]) Kink, ibid. In den Leipziger Statuten von 1436 sind die Exercitien etwas genauer bezeichnet: Idem nullus debet admitti ad examen baccalariatus in artibus, nisi prius steterit in exerciciis in hunc modum: semel in parvis logicalibus ad minus, semel in sophistria (nach Ducange ein logischer Tractat des Joh. Wiklef) bis in veteri arte, semel in nova logica, semel in physicorum et semel in de anima. (Zarncke, pag. 327.)

[4]) In Leipzig 12 Mal, 6 in ordentlichen, 6 in ausserordentlichen Disputationen. (Ibid. pag. 311.)

[5]) In der Artistenfacultät waren nicht wie in der theologischen Licentiat und Magisterium zwei verschiedene Grade: Das Bestehen des Licentiatsexamens vor dem Kanzler der Universität berechtigte zur Erlangung der Magisterwürde und der Magisterinsignien (das Pileum oder Birretum), welche als blosse Formalitäten von der Facultät ertheilt wurden.

[6]) In Leipzig musste er (1436) wenigstens 30 Disputationen beigewohnt, und 6 Mal in ordentlichen und ebenso oft in ausserordentlichen respondirt haben. (Zarncke, Statutenbuch, pag. 331.)

[7]) Diese Magistri non regentes lasen und leiteten gewöhnlich die ausserordentlichen Vorlesungen, resp. Disputationen.

er dieses Biennium absolvirt hatte, wurde er „Magister actu regens", d. h. berechtigt, die ordentlichen Vorlesungen (lectiones pro forma) zu halten, an den ordentlichen Disputationen zu praesidiren, am Consilium der Facultät theilzunehmen und bei den Prüfungen als Examinator zu fungiren. Während dieser Zeit konnte er zugleich Student in einer der drei obern Facultäten sein (vergl. oben pag. 9).

Was die Art und Weise, wie die Vorlesungen gehalten wurden, anbetrifft, so gibt uns hierüber ein Beschluss der Pariser Artistenfacultät einige Aufklärung, welcher sich gegen die Professoren richtete, die den alten Usus verlassen hatten, aus dem zu lesenden Autor Stelle für Stelle vorzulesen und bei jeder die nothwendigen Erklärungen beizufügen; die Schüler hatten dabei den betreffenden Text zur Hand[1]), lasen die Stelle nach und horchten bei den Erläuterungen aufmerksam zu, ohne etwas nachzuschreiben; statt dieser Vortragsweise war nun die Gewohnheit eingerissen, dass der Magister den Autor, oder vielleicht einen selbstverfassten Auszug aus demselben, sammt Erläuterungen den Schülern diktirte, die nun das Diktat nachschreiben mussten: diese Art des Docirens wurde „nominatio ad pennam" genannt. Das betreffende Statutum datirt aus dem Jahre 1355, ich führe dasselbe nach Bulaeus[2]) hier an: „In nomine Domini, Amen. Tentatis duobus modis legendi libros artium liberalium, primis quidem philosophiae magistris in cathedra raptim proferentibus verba sua, ut ea mens auditoris valeret capere, manus vero non sufficeret exarare. Posterioribus autem tractim nominantibus, donec auditores cum penna possent scribere coram eis. Diligenti examine his invicem collatis, prior modus melior reperitur, propter quod communis animi conceptio nos admonet ut ipsum in nostris lectionibus imitemur. Nos igitur omnes et singuli magistri facultatis artium tam regentes quam non regentes adhoc specialiter convocati per venerabilem virum M. Albertum de Bohemia tunc Rectorem universitatis apud S. Julianum pauperem statuimus in hunc modum, quod omnes lectores tam magistri quam scholares ejusdem facultatis quandocunque et ubilibet eos aliquem librum legere contigerit ordinarie vel cursorie in eadem facultate vel disputare quaestionem circa ipsum, seu aliquid aliud per modum expositionis, priorem modum legendi observent secundum vires suas, sic scilicet proferendo, ac si nullus scriberet coram eis. Secundum quem modum fiunt sermones in universitate et recommendationes: et quem lectores in caeteris facultatibus insequuntur," — (Folgen die Strafen für Nichthaltung des Gebotes.) — Bei der im Jahre 1452 durch den Cardinal Tutavillaeus vorgenommenen Reform der Universität wurde das Verbot „de non legendo ad pennam" wieder aufgehoben, d. h. es wurde den Professoren freigestellt zu lesen wie sie wollten. Um die Mitte des 16. Jahrhunderts versuchte Petrus Ramus wieder den alten Usus zur ausschliesslichen Geltung zu bringen, das vorerwähnte Statutum wurde von ihm in folgender Fassung aufgefrischt: „Philosophiam continua voce et perpetua raptim praelegito. Ne tractim nominato et dictato. Discipulus magistri verba mente capito. Manu et penna ne exarato. Notabilis tamen sententiae dictandae et excipiendae facultas esto. Rector, baccalarius, licentiatus in hanc legem jurato. Qui praemissa violaverit, poenas duplas et quadruplas luito."[3]) Dasselbe trat aber nicht mehr in Kraft. Halten wir unsere heutigen Gewohnheiten jenem

---

[1]) In Basel war es gestattet, dass drei Schüler zusammen einen Text haben durften, um nachzulesen (vergl. Vischer, pag. 155).
[2]) A. a. O. Tom. 4 pag. 332.
[3]) Ibid. pag. 333.

veralteten Usus gegenüber und bedenken wir, welch' wesentliches Moment für Schärfung des Gedächtnisses in diesem lag, so liegt es für uns wenigstens nicht fern, in diesem Punkte einen Rückschritt zu konstatiren.

III.

Von den drei ältesten Universitäten, Paris, Oxford und Bologna existiren weder päbstliche noch landesherrliche Stiftungsbriefe, ihr Entstehen ist daher nicht an einen bestimmten Zeitpunkt gebunden, sondern ein allmäliges; mit Sicherheit constatirt ist nur soviel, dass sich im Laufe des 12. Jahrh. die einzelnen Facultäten nach und nach zu geschlossenen Lehrkörpern formirten und dass am Anfang des 13. die drei Universitäten als sog. Studia generalia constituirt waren. Damit ist aber nicht gesagt, dass an allen drei Universitäten sämmtliche 4 Facultäten vertreten waren[1], dies gehörte keineswegs zum Begriffe eines Studium generale, welches einfach eine privilegirte Lehranstalt für Alle bedeutete, d. h. eine Lehranstalt, an welcher Angehörige der ganzen Christenheit in den vorhandenen Facultäten ihre Studien absolviren und graduirt werden konnten und damit das Recht sich erwarben, überall zu lehren: die „facultas ubique docendi."

Aus dem Gesagten erklärt sich nun wohl, dass vor dem Beginne des 13. Jahrhunderts keine Statuten der einzelnen Facultäten vorhanden waren und wir sind daher nicht im Stande, über den Mathematikunterricht an den Artistenfacultäten jener drei Universitäten im 12. Jahrhundert irgend welche genauere Mittheilungen zu geben, wir können nur aus den Schriften einzelner Autoren jener Zeit Schlüsse auf den damaligen Stand des mathematischen Studiums ziehen. Es war von demjenigen der Kloster- und Stiftsschulen des 9.—11. Jahrhunderts wenig verschieden: Euklid und Ptolomäus lagen noch bei den Arabern, die neuen Zahlzeichen und die durch dieselben bedingte Rechnungsweise der Araber (der Algorithmus) tauchten erst langsam auf, man lehrte noch das Fingerrechnen (ratio digitorum) und das Columnenrechnen auf dem Abacus (Rechentafel) mit römischen Zahlzeichen; man folgte höchst wahrscheinlich hiebei den Werken Beda's über das Fingerrechnen und den Computus (Berechnung der kirchlichen Feste), Gerberts (Regula de abaco computi), des Hermannus Contractus, Bernelinus, Franco von Lüttich, und vor Allem der Arithmetik des Boëtius, die jedenfalls als letztes und höchstes Studium auf dem Gebiete der Arithmetik galt. In der Geometrie wurde schwerlich Boëtius oder Gerbert benutzt, da man diese Disciplin als die unwichtigste des Quadriviums betrachtete; man begnügte sich wohl meitens mit Martianus Capella's Satyricon, oder den Origines des Isidorus Hispalensis (von Sevilla), in welchen die Geometrie höchst spärlich bedacht worden ist und diesen Titel gar nicht verdient, indem wir statt geometrischer Sätze beim Ersteren eine Erdbeschreibung, beim Letzteren nur wenige Definitionen und Worterklärungen antreffen. In der Astronomie benutzte man neben den letzteren zwei Werken die verschiedenen Computi, in denen gewöhnlich die Unterweisung in der

---

[1] In Bologna entstand die medicinische Facultät erst im 13. Jahrhundert, die theologische erst 1360. (Denifle, pag. 205 und 207.)

Zeitrechnung mit der Darlegung der einfachsten astronomischen Kenntnisse verbunden war; dann die **Phaenomena** des **Aratus** (oft auch Arati astrologia genannt), das **Poëticon astronomicon** des **Hyginus** und das **Astronomicon** des **Manilius**.

Dass die mathematischen Disciplinen im 12. Jahrhundert und noch in der ersten Hälfte des 13. auf den Universitäten Paris und Oxford stark vernachlässigt waren, beweisen uns einige Stellen aus **Roger Bacon's** und **Joh. von Salisbury's** (Salesburiensis, auch Saresberiensis) Werken. Der Erstere sagt in seinem Opus minus[1]): „Secundum peccatum est quod scientiae optimae et maxime contingentes theologiae non sunt in usu theologorum (damit meint er linguae alienae, mathematica, perspectiva, scientia moralis et experimentalis, et alchymia) — Studium Parisiense adhuc non habuit usum istarum quinque scientiarum." — Hieraus könnte man schliessen, dass bis zur Mitte des 13. Jahrhunderts (zu welcher Zeit Bacon jenes schrieb) in Paris gar keine Mathematik gelehrt worden wäre; diess ist aber nicht richtig, ganz unberücksichtigt war sie nicht, denn **Joh. von Salisbury**, der um die Mitte des 12. Jahrhunderts schrieb und seiner Zeit in Paris studirt hatte, sagt in seiner Metalogica (Lib. II Cap. 10)[2]), wo er über die Lehrer spricht, die er in Paris gehört habe: „Postmodum vero Richardum, cognomento Episcopum, hominem fere nullius disciplinae expertem, et qui plus pectoris habet quam oris, plus scientiae quam fecundiae, veritatis quam vanitatis, virtutis quam ostentationis, secutus sum : et quae ab aliis audieram ab eo cuncta relegi, et inaudita quaedam, ad quadrivium pertinentia, in quo aliquatenus Teutonicum praeaudieram **Hardeivinum**, didici." — Roger Bacon sagt ferner in seinem „Opus tertium" (Cap. 6)[3]): „Sed quia homines nesciunt utilitates philosophiae primas, ideo despiciunt multas scientias magnificas et pulcherrimas et dicunt: Quid valet haec scientia vel illa? deridendo, et non ut addiscant. Nec volunt auscultare et propter hoc excludunt illas scientias se et contemnunt eas. Similiter de utilitatibus secundis accidit. Nam philosophantes his diebus, quando dicitur eis quod sciant perspectivam aut geometriam, aut linguas et alia multa, quaerunt cum derisione: Quid valent haec? asserentes quod inutilia sunt. — Et aliquando accidit, quod aliqui dicunt se velle libenter scire hujusmodi scientias; sed deficiunt infra paucos dies, quia non vident utilitatem illarum scientiarum." — Dass speciell die Geometrie zu jener Zeit am wenigsten Berücksichtigung fand, erfahren wir ebenfalls aus **Joh. von Salisbury's** Metalogica; er sagt im 6. Cap. des 4. Buches[4]), wo er von den „Analytica posteriora" des Aristoteles spricht: „Continet enim artem demonstrandi, quae prae caeteris rationibus disserendi, ardua est. Deinde haec utentium raritate jam fere in desuetudinem abiit, eo quod demonstrationis usus, vix apud solos mathematicos est, et in his fere, apud geometras duntaxat: sed et hujus quoque disciplinae non est celebris usus apud nos, nisi forte in tractu Ibero vel confinio Africae. Etenim gentes istae, astronomiae causa geometriam exercent prae caeteris: similiter Aegyptus, et nonnullae gentes Arabiae." — Die relativ grösste Pflege wurde jedenfalls der Astronomie oder besser Astrologie zu Theil, doch nicht bloss in diesem Jahrhundert, sondern das ganze Mittelalter

---

[1]) Rerum britannicarum medii aevi scriptores: Vol. I. Fr. Rogeri Bacon opera quaedam hactenus inedita. (Opus tertium, opus minus, compendium philosophiae.) Edited by J. S. Brewer M. A. London 1859. pag. 323 und pag. 327.
[2]) In der Leydener Ausgabe vom Jahre 1639 pag. 804.
[3]) A. a. O. pag. 20.
[4]) Leydener Ausgabe, pag. 886.

hindurch, ja bis in die Neuzeit hinein, konnte doch Kepler nicht einmal ganz ihrer Fesseln sich erwehren. Aber diese Kunst fand schon früh ihre heftigen Gegner; man betrachtet gewöhnlich die hervorragendsten Vertreter des Nominalismus im 14. Jahrhundert, wie Nicolaus Oresme, Albert von Riggensdorf aus Sachsen (de Saxonia) und Heinrich von Langenstein aus Hessen (de Hassia) als die ersten Gelehrten des Mittelalters, die sich gegen die Astrologie erhoben, allein schon Joh. von Salisbury wandte sich im 12. Jahrhundert mit heftigen Worten gegen diese Auswüchse einer „edlen und ruhmvollen" Wissenschaft. In seinen „Policraticus, sive de nugis curialium et vestigiis philosophorum" kommt er an einigen Stellen auf die Mathematik (mathesis) zu sprechen, versteht aber darunter meistens die Astronomie und Astrologie. Im 18. u. 19. Cap. des 2. Buches behandelt er den Unterschied zwischen der „mathesis doctrinalis" und der „mathesis divinatoria seu reprobata" und rechnet zur ersteren die Arithmetik, Musik, Geometrie und Astronomie, zur letzteren die Astrologie, Magie, Chiromantie etc. Im Cap. 19 sagt er[1]: „Est autem astronomia nobilis et gloriosa scientia, si clientelam suam, intra moderationis metas cohibeat, quam si licentiori vanitate excedit, non tam philosophiae species quam impietatis decipula est. — — Caeterum mathesis, quae futurorum pollicetur indicium, ab elementis philosophiae (ut praedictum est) trahens originem, ultra progreditur, et elationis suae temeritate, in praerogativam ejus prorumpit, qui stellas numerat, quarum ipse nomina solus, signa, potestates, cursus, loca, tempora novit. Quoniam hoc ipsum astronomiae suae beneficio, sibi astrologus repromittit. Tantoque longius a scientia veritatis aberrant, quanto ad eam tumidius irrumpere moliuntur. — — Si ergo mathematici probabilis matheseos, id est doctrinalis, essent fine contenti, et veram possent assequi positionem stellarum, et ex signis suis sobria eruditione secundum quod naturaliter proveniunt qualitatem praescire temporum, et speculationis suae jocundissimum carpere fructum. Cum vero dilatant phylacteria sua et magnificant fimbrias, dum constellationibus et planetis nimium virtutis ascribunt, eis nescio quam auctoritatem operum ascribentes, in creatoris prorumpunt injuriam (?), et dum coelestia quae tractant ad sobrietatem non sapiunt, juxta Apostolum stulti sunt." — Aus dem Letztern ersehen wir, dass Joh. von Salisbury in gleicher Weise wie später Nic. Oresme die natürliche Astrologie[2] nicht verwirft, sondern sich nur gegen die sog. Judicialastrologie wendet. Gegen diese nahmen übrigens das ganze Mittelalter hindurch die Kirche und desshalb auch die theologischen Facultäten eine oppositionelle Stellung ein, und traten öfters officiell durch Verurtheilungen und Verbote gegen dieselbe auf, allein ohne Erfolg.

Die Bestrebungen und Arbeiten der damaligen Astrologen hatten immerhin einen reellen Boden in der Registrirung von Beobachtungen, in der Berechnung von Tafeln, in der Vorausberechnung von Finsternissen und anderen Constellationen und man darf sagen, dass dadurch die wissenschaftliche Grundlage der Astronomie doch einigermassen gewahrt blieb. Bulaeus führt uns aus den Annalen der Pariser Universität mehrere Vorhersagungen von Finsternissen und Planetenconjunctionen an, als deren Folge stets furchtbare Verwüstungen der Erdoberfläche eintreten sollten, so z. B. eine Conjunction sämmtlicher Planeten im Sternbild der Waage auf den Septem-

---

[1] Leydener Ausgabe vom Jahre 1639, pag. 89, 90 und 93.
[2] d. h. diejenige, welche aus der gegenseitigen Stellung der Gestirne auf die Verhältnisse der Natur, hauptsächlich die meteorologischen, schliesst, und nicht auf die Schicksale der Menschen, wie es die Judicialastrologie thut.

ber des Jahres 1184, aus welcher die Astrologen aller Länder auf eine „futuram intra biennium totius orbis destructionem" schlossen¹).

Wie schon bemerkt, stehen uns über die auf den Universitäten im 12. Jahrhundert auf dem Gebiete des Quadriviums gehaltenen Vorlesungen und hiebei benutzten Schriften keine näheren Angaben zu Gebote, dagegen sind uns einige Namen von Gelehrten aufbewahrt worden, die in Paris und Oxford über jene Fächer lasen. So hat uns, wie oben schon angeführt wurde, Joh. von Salisbury die Namen zweier seiner Pariser Lehrer im Quadrivium aufbewahrt, nämlich des **Hardewinus Teutonicus** und des **Richardus Episcopus**; über ersteren ist uns sonst nichts Näheres bekannt; von Richardus gibt Bulaeus²) 1182 als Todesjahr an und Joh. von Salisbury berichtet in seiner Metalogica (Lib. I, Cap. 24), dass er nach seiner Pariser Lehrthätigkeit Archidiacon von Constanz geworden sei. Von bedeutenderen Lehrern der sieben freien Künste in Paris erwähnt Bulaeus: **Robert von Melun** (de Meliduno), der zuerst in Paris, dann in Melun lehrte³), **Alanus von Lille** (de Insulis), der in seinem „Rythmus de incarnatione Christi" und ebenfalls in seinem „Anticlaudianus" die sieben freien Künste in Versen besungen hat († nach Fabricius 1202 als Mönch von Clairvaux), **Alexander Neckam** († 1215 von Paris nach England zurückgekehrt), **Gilbert de la Porrée** (Porretanus, † 1154 als Bischof von Poitiers), **Petrus von Blois** (Blesensis, † um 1200 als Archidiacon von London⁴), **Hugo Physicus**, zuerst Lehrer der freien Künste, ging später zur Medicin über, in welcher er sich vor seinen Zeitgenossen besonders auszeichnete, † 1199⁵), **Wilhem von Conches** (de Conchis), lehrte um's Jahr 1140 in Paris Grammatik und Philosophie und ist auf letzterem Gebiete hauptsächlich bekannt als einer der ersten Vertreter der Atomistik Demokrit's im Mittelalter⁶). Das Werk, in welchem er seine philosophischen Ansichten auseinandersetzte, wurde 1567 zu Strassburg im Druck herausgegeben und ist betitelt: „Dialogus de substantiis physicis confectus a Wilhelmo Aneponymo philosopho, industria Guilielmi Grataroli." Man war früher im Zweifel, ob dieses Werk von Wilhelm von Conches herstamme, allein spätere Forschungen haben diese Autorschaft mit ziemlicher Sicherheit nachgewiesen.

Die sieben zuletzt genannten Gelehrten sind in der Geschichte der mittelalterlichen Philosophie als hervorragende Grammatiker und Logiker bekannt, ob aber dieselben auch über Gegenstände des Quadriviums gelesen haben, war uns, mit Ausnahme Hugo's (s. u. d. Anm.), unmöglich festzustellen.

Von englischen Gelehrten dieses Jahrhunderts, die sich mit mathematischen Studien beschäf-

---

¹) A. a. O. Tom. II. pag. 459.
²) A. a. O. Tom. II. pag. 770.
³) Fabricius, Biblioth. med. et infim. latinit. gibt an, er sei später Archidiacon von London, dann Bischof von Hereford geworden und 1195 gestorben.
⁴) A. a. O. pag. 761 sagt Dulaeus von ihm: Medicinae non ignarus fuit, ut testatur epist. 43. neque matheseos, ut patet ex epist. 8. Diese Briefe konnte ich nicht zu Gesicht bekommen.
⁵) Dulaeus bemerkt über ihn a. a. O. pag. 749: Ejus epitaphium refert Naudaeus in libello de antiquitate scholae medicinae ex vetustis quibusdam collectionibus: Physicus excellens Hugo pietate refulgens
                       Parisiis mortem non sustulit esse minacem;
                       Quadrivium docuit, ac totum scire reliquit
                       Anno milleno bis centum, sed minus uno.
⁶) Das 12. Jahrhundert weist einige Philosophen auf, die der Atomenlehre sich zuneigten, oder dieselbe wenigstens in ihren Schriften berücksichtigten, so neben Wilhelm von Conches besonders noch Bernhard von Chartres und Athelhard von Bath; sie waren alle Platoniker und suchten die Aristotelische Philosophie mit der Platonischen in Einklang zu bringen (Vergl. Ritter, Gesch. d. Philos. 7. Thl. pag. 383).

tigt haben, werden uns von Wood[1]) zwei genannt, Roger von Hereford (genannt Infans) und Daniel von Morley (Morleius, auch Merlacus). Der erstere studirte und lehrte um die Mitte des Jahrhunderts in Oxford und zeichnete sich nach Wood als hervorragender Astronom und Mathematiker aus. Unter seinen Schriften, von denen noch mehrere als Manuscripte auf den englischen Bibliotheken sich vorfinden sollen, wird ein „Computus in quinque libros divisus" genannt. Lelandus[2]) und nach ihm Baleus[3]) und Fabricius[4]) kennen zwei Gelehrte jener Zeit, Namens Roger: Roger Junius (?), engl. Yonge, lat. Infans, der den genannten Computus schrieb, und Roger Herefordensis, der zu Cambridge um's Jahr 1170 studirte und lehrte und unter Anderem eine „Theorica planetarum" und die Schrift „de ortu et occasu signorum" verfasst haben soll. — Daniel von Morley studirte um's Jahr 1180 in Oxford, ging dann nach Paris, von hier nach Toledo in Spanien, weil er hörte, dass hier bei den Arabern das mathematische Studium in Blüthe stand, für das er sehr eingenommen war. In die Heimat zurückgekehrt, lehrte er die Mathematik; wo, sagen aber weder Baleus noch Wood. Wood (a. a. O. pag. 56) schreibt über Morleius: „Cum Matheseos studio caperetur in Arabiam profectus est, ubi florere eas artes haud parum audiverat. Sed cum certior brevi fieret, scientiam eam Toleti in Hispania vigere, eodem contendit, ibique cognitionem haud modicam adeptus, librisque permultis instructus in patriam redit, ubi et mathesin docuit et de eadem inde tractatus elucubravit, Johanni Oxoniensi, in Norwich tum sedenti, nuncupatos. Quamvis autem tanto sudore eruditionem nobis arabicam comparaverit, non tamen aliud fecit quam ante illum Athelardus Bathoniensis et Robertus Retinensis[5]); neque amplius praestitit quam deinceps Joh. de Basyngstoke (Basyngus) Oxoniensis, parique labore Athenas profectus, ubi cum multos annos literis insumpsisset, in Anglia demum regressus, Graecae tum linguae, tum disciplinae monumenta Oxonio intulit." Er schrieb nach Baleus[6]): „De inferiore et de superiore parte mundi", dem Joh. Oxoniensis, Bischof von Norwich gewidmet, der selbst eifrig die mathematischen Disciplinen cultivirt haben soll, und „principia mathematica."

Von Lehrern des Quadriviums in Bologna im 12. Jahrhundert habe ich keine Namen vorgefunden.

Wir haben oben den Grund angegeben, warum dieses Jahrhundert auf dem Gebiete der mathematischen Studien nur höchst primitive Anfänge aufzuweisen vermag: erst jetzt wurden die indisch-arabische Rechnungsweise, genannt Algorithms, die Geometrie des Euklides, der Almagest des Ptolemäus und andere mathematische Werke der Griechen und Araber den christlichen Völkern des Abendlandes durch Uebersetzungen aus dem Arabischen bekannt; auch Aristoteles, den man bis jetzt nur aus seinen logischen Schriften kannte, errang durch das Bekanntwerden seiner naturphilosophischen Werke, in welchen mathematische Citate vielfach zerstreut vorkommen, einen gesteigerten Einfluss und für viele Jahrhunderte das Primat in der Philosophie; die aristotelische

---

[1]) Hist. et antiquit. Univers. Oxon. Tom. I. pag. 53 und 56.
[2]) De scriptoribus britannicis. C. 210. 500.
[3]) Scriptorum illust. Major. Britann. Catalogus: Pars I. pag. 219. und Pars II. pag. 46.
[4]) Biblioth. med. et inf. latin. VI. pag. 335 und 336.
[5]) Robertus Retinensis machte auch Reisen in Italien, Griechenland und Spanien, übersetzte den Koran oder einen Auszug desselben in's Lateinische und starb als Archidiacon von Pamplona. (Fabricius.)
[6]) A. a. O. I. Theil, pag. 230.

Dialektik wird nicht mehr blos in religiösen Fragen zu Hülfe genommen, sie macht ihren grossen Einfluss auch in den neu erschlossenen Gebieten der Metaphysik, der Naturphilosophie und der Ethik geltend. Die Kreuzzüge waren wohl ein wesentlicher Grund, wesshalb gerade im 12. Jahrhundert das Bestreben, mit den literarischen Erzeugnissen der Araber bekannt zu werden, sich mächtig offenbarte, denn von da an wurden die Berührungen mit diesem Volke vielseitiger und dauernder. Vereinzelte Uebersetzungen oder Benutzung arabischer Schriften, besonders aus dem Gebiete der Astronomie, kamen jedenfalls schon früher vor[1], allein erst im 12. Jahrhundert begann der Hauptstrom griechisch-arabischer Gelehrsamkeit sich über das Abendland zu ergiessen und gegen die Mitte des 13. Jahrhunderts kannte man auf den damals bestehenden Universitäten den ganzen Aristoteles und seine arabischen Commentatoren, den Euklides und den Ptolemäus. Ob man die beiden Letzteren studirte und verstand, ist eine andere Frage, auf die wir bald zu sprechen kommen werden.

Die bedeutendsten Uebersetzer des 12. Jahrhunderts sind Athelhard von Bath[2], Plato von Tivoli (Tiburtinus)[3] und Gerhard von Cremona[4]. Der Erstere übersetzte in den Jahren 1120—1130 die Elemente des Euklides, die astronomischen Tafeln des Muhammed ben Musa Alchwarizmi[5], und wahrscheinlich auch das Rechenbuch desselben Verfassers ins Lateinische. Dieses Rechenbuch enthält die Rechnungsweise der Araber mit ihren Zahlzeichen und Hinzuziehung der Null, also mit Berücksichtigung des Stellenwerthes der Ziffern, welche Rechnungsweise eben im Mittelalter Algorithmus oder Algorismus genannt wurde, im Gegensatz zum Rechnen mit römischen Zahlzeichen[6] ohne Stellenwerth auf dem Abacus. — Von Plato von Tivoli haben wir die Uebersetzungen der Astronomie des Albattani (Albategnius), verschiedener astrologischer Schriften und der Sphärik des Theodosius. Gerhard von Cremona übersetzte um 1175 in

---

[1] Gerbert erbat sich von einem gewissen Lupitus von Barcelona ein von letzterem übersetztes Buch über Sternkunde. (Vergl. Oeuvres de Gerbert, ed. Olleris, epist. 60, pag. 36 und Cantor, Vorlesungen über die Gesch. der Mathematik, Bd. 1, pag. 737.)

[2] Seine Blüthezeit fällt in die Jahre um 1120. Nach längeren Reisen in Kleinasien, Aegypten und Spanien kehrte er in die Heimat zurück und wurde wahrscheinlich erst jetzt Benediktinermönch von Bath. Schrieb nach Lelandus und Baleus: librum de septem artibus, de astrolabio, nach Fabricius noch de doctrina abaci.

[3] Lebte ungefähr zu gleicher Zeit mit Athelhard.

[4] Schrieb ausser den im Text angeführten Uebersetzungen nach Fabricius: Theorica planetarum, Geomantia et practica planetarum, Introductorium medicinae. † 1187 in Toledo. Was die beiden ersten Werke anbetrifft, so hält Boncompagni (Della vita e delle opere di Gherardo Cremonese e di Gherardo da Sabbionetta, Roma 1851) dieselben nicht für Produkte Gerhard's von Cremona, sondern des etwas jüngeren Mediciners und Astrologen Gerhard von Sabbionetta, einem kleinen Flecken bei Cremona.

[5] Von diesem Beinamen des Muhammed stammt das Wort „Algorithmus", also nicht vom arab. Artikel „al" und dem griech. Wort „ἀριθμός". Dies vermuthete schon 1845 Renand (Mémoire sur l'Inde, pag. 303), zur Gewissheit wurde es erst 1857 bei Entdeckung der Uebersetzung des Rechenbuches des Muhammed auf der Bibliothek zu Cambridge, welche Uebersetzung mit den Worten beginnt: „Gesprochen hat Algoritmi. Lasst uns Gott verdientes Lob sagen, unserm Führer und Vertheidiger". (Vergl. Cantor, a. a. O. pag. 612). Was die Uebersetzung der astronom. Tafeln des Muhammed ben Musa anbetrifft, so weist wohl auf diese Baleus in dem Artikel über Athelhard (pag. 184) hin, wenn er unter seinen Werken nennt: Ezichiafarim ex Arabico transtulit, denn dieses Wort ist jedenfalls corrumpirt aus dem vollständigen Namen Muhammeds: Abu Dschiafar Muhammed ben Musa Alchwarizmi.

[6] Die Abacusrechner kannten übrigens neben den römischen Zahlzeichen noch die sog. Gobarziffern der Westaraber (aber ohne die Null), die höchst wahrscheinlich mit den Apices der Geometrie des Boëtius gleichen Ursprungs sind.

Toledo den Almagest des Ptolemäus, ebenso den Euklides, welche Uebersetzung aber nicht mehr vorhanden ist, dann die Sphärik des Theodosius, eine Schrift des Menelaus, Werke von Tabit ben Kurra, die Algebra des Alchwarizmi und verschiedene Andere; im Ganzen soll er über 70 arabische Werke übersetzt haben. — Unerwähnt dürfen wir hier den Johannes Hispalensis (auch de Luna genannt) nicht lassen, der ebenfalls in der Zeit von 1130—1150 in Toledo in Vereinigung mit andern Uebersetzern arbeitete und von welchem ein Algorithmus vorhanden ist, als Uebersetzung eines arabischen Werkes von nicht ermittelter Herkunft. — Nehmen wir zu diesen kurzen Angaben über Uebersetzer des 12. Jahrhunderts noch hinzu, was wir oben nach Wood über Daniel von Morley und Robertus Retinensis, resp. über ihren Aufenthalt in Spanien, des ersteren speciell in Toledo, bemerkt haben, so können wir mit M. Cantor (pag. 684) wohl von einer eigentlichen Uebersetzungsschule sprechen, welche sich in der ersten Hälfte dieses Jahrhunderts besonders unter der Leitung des Erzbischofs Raymund von Toledo in dieser Stadt gebildet und wohl noch längere Zeit nachher (Daniel von Morley war erst nach 1180 in Toledo) erhalten hatte[1]).

Wir kommen zum 13. Jahrhundert und hätten hier chronologisch vorgegangen zuerst den grössten Mathematiker dieses Jahrhunderts und den ersten des Mittelalters, der diesen Namen verdient, Leonardo von Pisa, zu betrachten; allein da derselbe nicht an einer Universität lehrte, und auch seine ausgezeichneten, fast das ganze mathematische Wissen der Araber umfassenden Werke, merkwürdigerweise keinen Einfluss auf die Behandlung dieser Wissenschaft an den Universitäten, selbst an den italienischen nicht, ausgeübt haben, so gehört eine ausführliche Darlegung seines Schaffens nicht in den Rahmen dieser Abhandlung; wir wollen hier nur erwähnen, dass er in seinem „Liber abaci" (1202 zum ersten Mal herausgegeben)[2]) die arithmetischen und algebraischen Kenntnisse der Araber und in seiner „Practica geometriae" (1220) eine Fülle von planimetrischen, stereometrischen, ja sogar trigonometrischen Sätzen und praktischen Regeln der Feldmesskunst theils aus griechischen, theils aus arabischen Quellen stammend, seinen Landsleuten in klarer und erschöpfender Weise auseinandergesetzt hat. — An diese Stelle gehört auch die Erwähnung des Jordanus Nemorarius, dem wohl der zweite Rang unter den Mathematikern des 13. Jahrhunderts gebührt. Nach neueren Forschungen des Fürsten Boncompagni in Rom[3]) lebte Jordanus ungefähr zu gleicher Zeit mit Leonardo von Pisa und ist wahrscheinlich identisch mit dem im Jahr 1222 zum Ordensmeister der Dominikaner erwählten Jordanus, aus der Diöcese Mainz gebürtig, der in Paris sich in den weltlichen Wissenschaften und besonders in der Mathematik ausgezeichnet haben und später zum Studium der Theologie übergegangen sein soll. Er starb im Jahre 1236[4]). Seine Schriften sind: „de Arithmetica libri decem" (herausgegeben von Jak. Faber

---

[1]) Vergl. hierüber auch das für die Litteraturgeschichte des Mittelalters höchst werthvolle Werk von Jourdain: Recherches critiques sur l'âge et l'origine des traductions latines d'Aristote, von welchem mir nur die deutsche Uebersetzung der ersten Ausgabe von Adolf Stahr, 1831, vorliegt. Siehe hierin pag. 128.

[2]) Man brauchte anfänglich für die indisch-arabische Rechnungsweise noch die gleiche Bezeichnung wie für die alte römische.

[3]) Vergl. Supplement zum 24. Jahrgang der Zeitschrift für Mathematik und Physik 1879: Abhandlungen zur Geschichte der Mathematik, 2. Heft pag. 128 und ff.

[4]) In den Jahren 1229 und 1231 predigte der General der Dominikaner Jordanus de Saxonia (vergl. hiemit pag. 130 der oben citirten Herausgabe von Treutlein) in Padua und nahm mehrere Brüder in den Orden auf. (Denifle, a. a. O. p. 281 und 282.)

Stapulensis, Paris 1496), „de Ponderibus" (von P. Apian veröffentlicht Nürnberg 1533), „de Numeris datis" (eine Sammlung von 113 arithmetischen und algebraischen Sätzen mit numerischen Beispielen begleitet, herausgegeben von P. Treutlein im vorhin citirten Supplement zur Zeitschrift für Mathematik und Physik), „de Triangulis" (die Herausgabe wird gegenwärtig durch M. Curtze in Thorn vorbereitet) und wahrscheinlich ein „Algorithmus." Von diesen Werken mögen das erste und das letzte auf der einen oder andern Universität zur Benutzung gelangt sein, doch stehen uns hierüber keine sichern Angaben zu Gebote. Ob Jordanus an der Universität Paris auch Mathematik docirt habe, war uns unmöglich festzustellen, Buläus sagt über denselben gar nichts.

Wie langsam die Mathematik trotz der neuen Hülfsmittel auf den Universitäten sich angemessene Beachtung zu erringen vermochte, beweisen die ältesten uns bekannten Statuten der Artistenfacultät von Paris und einige Stellen aus Roger Bacon's Werken. Die Ersteren datiren aus dem Jahre 1215 und sind eigentlich nur eine Bestätigung älterer vom Bischof Petrus Cambius verfassten, aber verloren gegangener Statuten, welche Bestätigung bei Anlass eines Zwistes zwischen dem Canzler und der Universität durch den päpstlichen Legaten Robert von Courçon gleichsam als Friedensbesieglung erlassen wurde. In diesen Statuten kommt in Bezug auf die Vorlesungen an der Artistenfacultät die Stelle vor: „Et quod legant libros Aristotelis de dialectica tam veteri quam de nova in scholis ordinarie et non ad cursum. Legant etiam in scholis ordinarie duos Priscianos, vel alterum ad minus; non legant in festivis diebus, nisi Philosophos et rhetoricas et quadrivalia et barbarismum et ethicam, si placet, et quartum topicorum. Non legantur libri Aristotelis de metaphysica et de naturali philosophia, nec summae de eisdem, aut de doctrina Mag. David de Dinant, aut Amalrici Haeretici, aut Mauricii Hispani[1]).

Hieraus ersehen wir erstens, dass damals noch die Metaphysik und die naturphilosophischen Schriften des Aristoteles von der Kirche verboten waren, nur die Logik und die Ethik, die schon längst bekannt waren, waren erlaubt. Jourdain[2]) kommt aber in seinen Untersuchungen zu der Ueberzeugung, dass dieses Verbot sich nur auf die von dem Juden David von Dinant, oder von den Arabern, besonders von Averroes, Avicenna und Algazel verfassten Auszüge und Commentare erstreckte, die viele der damaligen Zeit ketzerisch erscheinende Stellen enthielten. Auch bestätigt diess Roger Bacon, wenn er sagt, dass man sich zu Paris lange der von Avicenna und Averroes erläuterten Physik und Metaphysik des Aristoteles widersetzt habe[3]). Es geschah diess in der That noch einmal im Jahre 1231 durch eine Bulle Gregor IX, in welcher jene „libri naturales" verboten wurden, „quo usque examinati fuerint et ab omni errorum suspicione purgati"[4]). Letzteres muss dann bald eingetreten sein, denn im Jahre 1254 wurden sämmtliche naturphilosophischen Schriften des Aristoteles in Paris gelesen. Es sei uns gestattet, an dieser Stelle noch auf einige Resultate der Jourdain'schen Untersuchungen über die lateinischen Uebersetzungen des Aristoteles aufmerksam zu machen, welche die Vermuthungen bekräftigen dürften, die wir früher bei Veröffentlichung von zwei Abhandlungen des Albertus de Saxonia ausgesprochen haben[5]), dass

---

[1]) Bulaeus, Tom. III. pag. 82.
[2]) A. a. O. pag. 195—206.
[3]) Ibid. pag. 201.
[4]) Ibid. pag. 199.
[5]) Vergl. Zeitschrift f. Math. und Physik, hist.-lit. Abtheilg. 29. Jahrg. pag. 98—101 und 32. Jahrg. pag. 56.

nämlich schon vor dem 15. Jahrhundert einige Schriften oder Bruchstücke von solchen griechischer Mathematiker aus dem Orient nach dem Abendland gelangt und hier direkt aus dem Griechischen ins Lateinische übersetzt worden sind, so Schriften von Archimedes, Ptolemäus, Theon von Alexandrien, Zenodorus, Eutocius etc., vielleicht auch von Heron von Alexandrien und Pappus. Jourdain weist nämlich mit ziemlicher Sicherheit nach, dass in der ersten Hälfte des 13. Jahrhunderts neben den aus dem Arabischen stammenden Uebersetzungen des Aristoteles auch solche direkt nach griechischen Manuscripten verfertigte vorhanden waren und führt die Erlangung dieser Manuscripte auf die Eroberung Konstantinopels durch die Venetianer im Jahre 1204 und die daraus erfolgten Verbindungen zurück. Hiezu kommen noch die glänzenden Unterstützungen, die Friedrich II. den Wissenschaften zu Theil werden liess, indem auch er durch hervorragende Gelehrte, die er an seinen Hof berief, eine Reihe von Uebersetzungen philosophischer und mathematischer Werke theils aus dem Arabischen, theils aus dem Griechischen ausführen liess. Es existirt von ihm ein Brief, welchen er mit Exemplaren der übersetzten Werke der Universität Bologna und wohl auch andern hohen Schulen übersandte; es folgen hier einige Stellen daraus: „In extollendis regiae praefecturae fastigiis, quibus congruenter officia, leges et arma communicant, necessaria fore credimus scientiae condimenta; ne per hujus mundi suaves et muliebres semitas nube ignorantiae commiscente, vires ultra licitos terminos effrenate lasciviant, et justitia circa debiti regulas diminuta languescat. — — — Dum librorum ergo volumina, quorum multifarie, multisque modis distincta chirographa nostrarum armaria divitiarum locupletant, sedula meditatione revolvimus et accurata contemplatione pensamus, compilationes variae, quae ab Aristotele aliisque philosophis, sub graecis arabicisque vocabulis antiquitus editae, in sermonialibus (bei Andern sermocinalibus) et mathematicis disciplinis nostris aliquando sensibus occurrerunt, quas adhuc eis aetas prima concesserat, operimento contextas (auch contectas), vel hominis defectus aut operis ad latinae linguae notitiam non perduxit. Volentes igitur, ut veneranda tantorum operum simul auctoritas apud nos non absque multorum commodis communibus (auch communis) vocis organo traductione (auch traducere) innotescat; ea per viros electos et in utriusque linguae prolatione peritos instanter jussimus verborum fideliter servata virginitate transferri"[1]). — Unter den mathematischen Werken, die hier angeführt sind, sollen sich die Optik[2]) und der Almagest[3]) des Ptolemäus befunden haben, ob aus dem Arabischen oder aus dem Griechischen übersetzt, ist nicht möglich zu entscheiden, doch ist für erstere Sprache die grössere Wahrscheinlichkeit vorhanden.

Aus jener angeführten Stelle aus den Statuten von 1215 ersehen wir ferner, was für uns von grösserer Wichtigkeit ist, dass damals noch keine mathematischen Lectionen ordinarie gelesen wurden, sondern nur ausserordentlich, cursorie oder ad cursum, oder, wie sie an späteren Universitäten auch genannt wurden, concurrentes, „in festivis diebus" d. h. an Feier- und Ferientagen, wo sonst nicht ordinarie gelesen wurde. So wird es natürlich auch vor 1215 gehalten worden sein und so war es auch noch 1254, aus welchem Jahre uns Buläus[4]) einen Zusatz

---

[1]) Vergl. Bulaeus, Tom. III. pag. 102, und Jourdain, a. a. O. pag. 170—173.
[2]) Jourdain, pag. 174.
[3]) v. Zach, Monatl. Corresp. Tom. 27. pag. 192.
[4]) Hist. Univ. Par. Tom. III. pag. 280.

zu den Statuten der Artistenfacultät mittheilt, in welchem die Vorlesungen derselben mit ihrer bezüglichen Zeitdauer verzeichnet sind: wir finden hier sämmtliche logischen und naturphilosophischen Schriften des Aristoteles, wie sie auf allen Universitäten der folgenden Jahrhunderte gelesen wurden, aber mathematische Vorlesungen fehlen; wir schliessen hieraus, indem wir annehmen, die im Statutum genannten Vorlesungen seien die ordentlichen gewesen, dass die mathematischen Disciplinen noch in den cursorischen Vorlesungen oder in den Collegien abgethan wurden. Letzteres war in der That noch der Fall im Jahre 1315, aus welchem uns die Statuten des Collegium Navarricum[1]) aufbewahrt worden sind; eine Stelle derselben, die von den Pflichten des leitenden Artisten-Magisters des Collegiums handelt, lautet: „Tenebitur etiam aliqua hora diei aliquem librum logicalem, mathematicum, vel grammaticalem in domo legere continue, quem major pars elegerit sociorum, et quod docebit omnes fideliter, affectione cujuscunque nationis vel personae simpliciter circumscripta."[2]). Dass diejenigen Vorlesungen und Uebungen, die in den Collegien gehalten wurden, gemeiniglich nicht zu den ordinariae gehörten, haben wir oben (pag. 48) schon bestätigt gefunden.

Ueber den Stand der mathematischen Wissenschaften in Oxford im 13. Jahrhundert sind wir nicht viel besser unterichtet als über Paris; es besitzt nämlich Oxford eigenthümlicher Weise keine zusammenhängenden Statutenbücher, sondern in mehreren inhaltlich theilweise übereinstimmenden, theilweise von einander abweichenden Manuscriptenbänden eine chronologisch völlig ungeordnete Sammlung von Universitätsbeschlüssen, Urtheilen, Briefen, Facultätsstatuten etc., von denen zudem noch ein grosser Theil ohne Datum ist. Dieselben führen den Titel: „Libri Cancellarii et Procuratorum" und wurden im Jahre 1868 von Henry Anstey in dem Werke „Munimenta academica, or documents illustrative of academical life and studies at Oxford" (2 Bände) veröffentlicht. Im ersten derselben finden wir (pag. 34) ein Statutum aus dem Jahre 1267, welches die für das Baccalariat nothwendigen Vorlesungen enthält, unter welchen sich aber keine mathematischen befinden. Ein Statutum über die für das Licentiat verlangten Vorlesungen findet sich für das 13. Jahrhundert nicht vor, es wäre denn, dass ein undatirtes Statutum des 2. Bandes (pag. 414), welches für das Licentiat den „Computum, Algorismum, tractatum de sphaera, sex libros Euclidis" verlangt, sich auf diese Zeit beziehen würde. Sollten nun auch die mathem. Fächer in Oxford im 13. Jahrhundert nocht nicht zu den lectiones pro forma gehört haben, so figurirten sie jedenfalls unter den ausserordentlichen oder cursorischen, und zwar wurden sie, wie wir aus der wissenschaftlichen Bethätigung der Männer, die daselbst über die freien Künste lasen, und aus einigen Stellen Roger Bacon's schliessen dürfen, doch noch etwas mehr gepflegt als in Paris. Wie tief übrigens damals noch das mathematische Wissen der studirenden Jugend stand und wie wenig Interesse für diese Fächer vorhanden war, zeigen uns ebenfalls sehr deutlich Roger Bacon's Klagen über diesen Punkt; er sagt in seinem „Opus tertium" (Cap. 6)[3]) „Sic est hic quod isti qui ignorant utilitatem alicujus scientiae, ut sit geometriae, statim, nisi sunt pueri qui cogantur per virgam, resiliunt et topes-

---

[1]) Das Collegium Navarricum wurde 1304 von der Königin Johanna von Frankreich und Navarra, der Gemahlin Philipps des Schönen, für 20 Grammatiker, 30 Artisten und 20 Theologen gestiftet und war neben dem Collegium Sorbonicum das berühmteste Collegium der Pariser Universität.

[2]) Bulaeus, Tom. IV. pag. 93.

[3]) J. S. Brewer, Fr. Rogeri Bacon opera quaedam hactenus inedita, Vol. I. pag. 21.

cunt, et vix volunt tres vel quatuor propositiones scire. Unde ex hoc accidit quod quinta propositio geometriae Euclidis dicitur „elefuga", id est fuga miserorum; „elegia" enim graece dicitur, latine „miseria", et „elegi" sunt „miseri." Diese interessante Stelle führt auch Wood[1]) an und fügt hinzu, dass dieser fünfte Satz des ersten Buches von Euklid's Elementen in späterer Zeit „pons asinorum" genannt wurde, woher also unser heutiges „Eselsbrücke" stammen würde, doch mit anderer Bedeutung. Clavius sagt in einem Scholium zu diesem Satze (in seiner Euklidausgabe vom Jahre 1591, pag. 24): „Solet autem theorema hoc tyronibus subdifficile et obscuriusculum videri, propter multitudinem linearum et angulorum, quibus nondum sunt assueti." Also schon beim 5. Satze des 1. Buches der Elemente, welcher, allerdings nicht durch einfaches Umklappen um die Mittelsenkrechte, sondern auf etwas komplicirtere aber sehr consequente und strenge Art zeigt, dass die Winkel an der Basis des gleichschenkligen Dreieckes gleich gross sind, trat die Fahnenflucht bei den Zuhörern der geometrischen Vorlesungen ein — in der That eine „fuga miserorum!" — Im 11. Cap. (pag. 34) kommt er auf den Mangel tüchtiger Mathematiker zu sprechen: „Secunda radix istius difficultatis (prima est quod homines periti in linguis alienis desunt) est quod oporteret habere mathematicos optimos, qui non solum scirent ea quae translata sunt et facta, sed addere ad opera eorum, quod est facile bonis mathematicis. Non sunt enim nisi duo perfecti, scilicet Mag. Johannes Londinensis et Mag. Petrus de Maharn-curia (bei Wood Maharnicuria) Picardus. Alii duo boni sunt, scilicet Mag. Campanus de Novaria (sic!) et Mag. Nicolaus, doctor domini Almarici de Monte Forti (de Montfort)[2]). — — Et ideo oportet quod mathematici boni haberentur, qui paucissimi sunt et rari, nec reputantes pretium sui; nec possit aliquis habere eos, nisi dominus Papa aut alius magnus princeps, et maxime illum, qui melior est omnibus, de quo in minori opere satis scripsi et scribam suo loco." — Weiter klagt er über den Mangel an mathematischen Intrumenten: „Et praeter expensas istarum personarum oporteret magnas expensas fieri; nam sine instrumentis mathematicis nihil potest sciri, et instrumenta haec non sunt facta apud Latinos, et non fierent pro ducentis libris nec trecentis. Adhuc autem sunt tabulae meliores; nam licet certificatio tabularum sit per instrumenta, tamen instrumenta, nisi sint immensae quantitatis, nihil valent. — — — Sed hae tabulae vocantur Almanach vel Tallignum (!), in quibus semel sunt omnes motus coelorum certificati a principio mundi usque in finem, sine quotidiano labore etc." — Dass es in Oxford mit der Mathematik etwas besser stand als in Paris, kann man aus folgender Stelle schliessen, wo er von der Perspective spricht (a. a. O. pag. 37): „Haec autem scientia non est adhuc lecta Parisius, nec apud Latinos nisi bis Oxoniae in Anglia, et non sunt tres qui sciant ejus potestatem."

---

[1]) Hist. et antiquit. Univ. Oxon. Pars. I. pag. 122.

[2]) Ueber Petrus de Maharn-curia und Nicolaus, den Lehrer des Herrn von Montfort, habe ich keine weiteren Angaben ausfindig machen können. Joh. Londinensis war ein Schüler Roger Bacons, der ihn mit nach Paris nahm und ihn dann mit Büchern und Instrumenten an Pabst Clemens IV. sandte, mit folg. Worten im Empfehlungsschreiben: „Non remansit unus Parisiis qui plus novit de philosophiae radicibus, quamvis et fructus nondum produxerit propter juvenilem aetatem" (vergl. Fabricius, im Art. Joh. Lond.). Berücksichtigt man, dass dieser nur von Roger Bacon erwähnte Joh. Londinensis und später noch zu betrachtende Verfasser der Perspectiva communis, Joh. Peccam (Pisanus), ungefähr zu gleicher Zeit gelebt, dass beide dem Franziskanerorden angehört haben und dass beide sowohl in Oxford, als auch in Paris und Rom waren, so liegt es sehr nahe, dieselben als identische Personen anzunehmen. Auf Campanus von Novarra kommen wir weiter unten zu sprechen.

Noch dürftiger als über Paris und Oxford ist das Material, das uns über Cambridge zu Gebote stand, es war uns nur Fuller's Geschichte dieser Universität, im Jahre 1840 neu herausgegeben von Prickett und Wright[1]) zugänglich; dieselbe enthält aber über den Unterricht fast gar nichts, insbesondere keine Auszüge aus den Statuten. Doch können wir aus einer Stelle in Erasmus' Briefen, die von Fuller[2]) citirt wird, schliessen, dass das Studium der Mathematik, überhaupt der freien Künste in Cambridge, im Vergleich zu Oxford, bis gegen 1500 sehr darnieder gelegen sein muss; Erasmus sagt im 10. Briefe des 2. Buches seiner Epistolae: „Ante annos ferme triginta nihil tradebatur in schola Cantabrigiensi praeter Alexandrum, parva logicalia, ut vocant, et vetera illa Aristotelis dictata, Scoticasque quaestiones. Progressu temporis accesserunt bonae litterae: accessit matheseos cognitio: accessit novus, aut certe novatus Aristoteles, accessit Graecarum literarum peritia: accesserunt autores tam multi, quorum olim ne nomina quidem tenebantur, nec a summatibus illis larcis.(?)" Dagegen kehrte sich im 16. und mehr noch im 17. Jahrhundert dieses Verhältniss zwischen Cambridge und Oxford um. Während auf letzterer Universität die mathematischen und physikalischen Wissenschaften mit Ausnahme der Zeit, da Savile, Briggs und Wallis lehrten (1619—1660), sehr vernachlässigt wurden, erhielt Cambridge nach und nach den wohlverdienten Ruf einer mathematischen Bildungsanstalt par excellence, wozu schon die Namen Barrow und Newton hinreichend waren.

Wenn wir uns nun zur Besprechung derjenigen Gelehrten wenden, die in Paris und Oxford über Mathematik gelesen haben, so befinden wir uns in einer kleinen Verlegenheit. Welche von den vielen Scholastikern dieses Jahrhunderts, von denen wir wissen, dass sie in Paris oder Oxford über Philosophie lasen, haben auch mathematische Vorlesungen gehalten? Gewiss nicht nur diejenigen, welche mathematische Schriften hinterlassen haben! Und haben Alle, von denen wir noch mathematische Werke besitzen, oder einst besessen haben, auch Vorlesungen auf diesem Gebiete gehalten? Diese Fragen zu entscheiden, ist heute so viel als unmöglich, denn es fehlen die Akten der Universitäten, die über diese Punkte Auskunft geben könnten, und die Angaben derjenigen Autoren, die über Scholastiker und scholastische Philosophie und über die Geschichte jener Universitäten geschrieben haben, sind in Bezug auf die Lebensverhältnisse der Gelehrten jener Zeit nur vorsichtig aufzunehmen, sie weichen auch oft nicht wenig von einander ab. Wir haben uns nun dafür entschieden, hier mit ganz geringen Ausnahmen nur diejenigen Gelehrten aufzunehmen, die uns als Verfasser arithmetischer, geometrischer oder astronomischer Schriften von bewährten Autoren genannt werden, und von denen wir zugleich wissen, dass sie an einer der damaligen Universitäten gelehrt haben. So fallen nun allerdings für uns die grossen Scholastiker, wie Albertus Magnus, Thomas von Aquino, Duns Scotus, Alexander de Hales etc. ausser Betracht, obgleich dieselben, bevor sie ganz in der Theologie aufgingen, also als Magistri artium wohl auch bisweilen mathematische Vorlesungen gehalten haben werden, findet man doch diese Disciplinen mit Namen griechischer und arabischer Mathematiker und Astronomen in ihren Werken vielfach erwähnt. Uebrigens sind die Beziehungen der Scholastik und ihrer Vertreter zur Mathematik eines Theils nicht so unbedeutend und andern Theils so eigenthümlich, dass eine be-

---

[1]) The history of the University of Cambridge from the conquest to the year 1634, by Th. Fuller, edited by Mormaduke Prickett and Tomas Wright, Cambridge and London, 1840.

[2]) Ibid. pag. 177.

sondere Monographie hierüber nicht als unnöthig betrachtet werden dürfte — in dem engen Rahmen dieser Abhandlung konnten dieselben nur gelegentlich Berücksichtigung finden.

Als ersten, wenn auch nicht bedeutendsten Vertreter der Mathematik an den Universitäten des 13. Jahrhunderts führen wir hier den durch's ganze Mittelalter hindurch viel genannten und viel commentirten Johannes von Holywood, lat. de Sacro-Bosco, an. Derselbe stammte von Holywood in Yorkshire, studirte in Oxford (nach Elias Vinet, einem Commentator desselben, in Paris) und lehrte um die Mitte des Jahrhunderts in Paris Philosophie und Mathematik. Er stand in grossem Ansehen und wurde bei seinem Tode, der nach Einigen 1244, nach Andern nach 1256 in Paris erfolgt ist, mit seltenen Ehrenbezeugungen bestattet; auf seinem Grabstein wurde ein Astrolabium eingemeisselt. Er schrieb: De sphaera (in den Lectionsverzeichnissen der Universitäten gewöhnlich sphaera materialis, auch sphaera mundi genannt), Computus ecclesiasticus, de algorismo[1]). Seine Sphaera (zum 1. Mal 1472 zu Ferrara gedr.), eine mathematische Geographie oder sphärische Astronomie, wurde das beliebteste, auf den Universitäten am regelmässigsten gelesene Lehrbuch mathematischer Richtung des Mittelalters, von dem etwa 60 commentirte und nicht commentirte Ausgaben erschienen sein sollen. Auch Melanchthon war ein grosser Freund dieses Buches und veranstaltete im Jahre 1531 eine Ausgabe desselben mit einer an Simon Grynaeus gerichteten Vorrede, in welcher er die Schönheit und Erhabenheit der Astronomie besingt und die Vorzüglichkeit des veröffentlichten Buches preist: „Hanc ob causam semper amavi mirifice libellum Joannis de Sacro Busto, qui mihi videtur elementa in hoc genere complexus optissime, ac plurimum vidisse in Gymnasiis homines doctissimos judico, qui magno consensu praetulerunt hunc libellum aliis ejusdem generis, et exstare in omnibus scholis et in omnibus manibus versari voluerunt". — Auch sein Computus (oder de anni ratione) wurde mehrmals herausgegeben, ebenso sein Algorismus.

Robert Greathead, oder Grosseteste (lat. Capito, auch Lincolniensis genannt), war einer der bedeutendsten und vielseitigsten Gelehrten des 13. Jahrhunderts.[2]) Derselbe studirte in Oxford Grammatik, Logik und Philosophie, reiste dann nach Paris, wo er sich der Theologie widmete; nach England zurückgekehrt, lehrte er zunächst in Oxford[3]), und wurde später zum Bischof von Lincoln ernannt. Noch in vorgerücktem Alter studirte er Griechisch und Hebräisch, um die vielfach schlecht übersetzten philosophischen und theologischen Werke genauer interpretiren zu können. Er starb im Jahre 1253. Seine mathematischen Schriften sind nach Baleus[4]): Theorica planetarum, de astrolabio, de cometis, de iride, de sphaera coelesti[5]), de computo,

---

[1]) Die Basler Universitätsbibliothek enthält auch ein MS. bezeichnet F. VIII. 16 und betitelt: Joh. de Sacro Bosco arithmetica. Geschr. 1442.
[2]) Roger Bacon spricht von ihm an mehreren Stellen, so im Opus tertium (oben citirte Ausgabe pag. 91): Quinta est quod multa fuerunt male translata et praecipue de philosophia. Nam oportet quod translator sciat scientiam quam vult transferre et sciat duas linguas, a qua et in quam transfert. Sed nullus scivit linguas nisi Boëtius de translatoribus famosis, nullus scientias nisi dominus Robertus episcopus Lincolniensis, per longitudinem vitae et experientiae, et studiositatem ac diligentiam; et quia scivit mathematicam et perspectivam, et potuit omnia scire.
[3]) nach Wood, a. a. O. pag. 81.
[4]) Script. illust. maj. Britan. Catalogus, Pars. I. pag. 304—306.
[5]) Handschriftlich auf der Basler Universitätsbibliothek im Codex F. IV. 18.

calendarium, praxis geometriae, welche theilweise bestätigt sind durch eine Stelle in Roger Bacon's Compendium studii philosophiae (in der cit. Ausgabe pag. 469): „Unde dominus Robertus, quondam episcopus Lincolniensis sanctae memoriae, neglexit omnino libros Aristotelis et vias eorum, et per experientiam propriam, et auctores alios, et per alias scientias negotiatus est in sapientialibus Aristotelis; et melius centies milesies scivit et scripsit illa de quibus libri Aristotelis loquuntur, quam in ipsius perversis translationibus capi possunt. Testes sunt tractatus domini episcopi de iride, de cometis, et de aliis quod scripsit". — Prantl[1]) sagt von Robert Capito Folgendes: „Sein Commentar zur zweiten Analytik zeigt ihn uns als einen logisch gut geschulten Kenner des Aristoteles, unter dessen Werken er auch die Physik commentirte, sowie er überhaupt mit grosser Vorliebe die mathematischen Disciplinen (besonders auch die Euklidische Optik) betrieben haben muss"[2]).

Roger Bacon, geb. 1214, studirte zuerst in Oxford Grammatik und Logik, dann in Paris Griechisch und Hebräisch, Philosophie, Mathematik, Theologie, wurde Doctor in letzterer Wissenschaft, kehrte nach Oxford zurück, lehrte daselbst an der Universität und trat in den Franziskanerorden ein; er starb 1292 oder 1294. Er war unstreitig für die damalige Zeit ein universeller Geist, wenn ihm auch eine starke Dosis Prahlerei und Oberflächlichkeit zugesprochen werden muss. Für die Mathematiker besonders aber ist er eine erfreuliche und nicht ohne Wirkung vorübergehende Erscheinung in jener ausschliesslich durch die verdorbene aristotelisch-arabische Philosophie beherrschten Zeit. Prantl ist allerdings von seinem Standpunkte als Geschichtschreiber der Logik aus zu entschuldigen, wenn er den Bacon etwas stiefmütterlich behandelt, denn derselbe hat „im Hinblicke auf die Jedem angeborne Logik den Aristoteles verabschiedet und die wissenschaftliche Theorie desselben als etwas unwesentliches bezeichnet und dafür den Gegenstand seiner Lieblingsneigung, nämlich die Mathematik substituirt."[3]) Uns erscheint er in erster Linie als ein sehr vernünftiger Mensch, weil er in allen seinen Schriften nicht genug hervorheben kann, dass für die höheren Studien, als deren Krone auch er, wie alle Gelehrten des Mittelalters, die Theologie hinstellt, die Kenntniss der fremden Sprachen, der Mathematik und der scientia experimentalis (Physik, Alchymie) die nothwendige Grundlage ist. Wenn er auch kein selbständiger Denker war, und sogar in den eben ausgesprochenen Ideen auf arabischen Ansichten fusst, so ist er doch als derjenige zu schätzen, der diese erst in neuerer Zeit wieder zur Geltung gekommenen Grundsätze in jener dunkeln Zeit des Mittelalters aufrecht erhalten hat, und in dieser Hinsicht wenigstens nicht mit dem grossen Haufen auf der breiten Heerstrasse der Scholastik gewandelt ist. In seinem Opus tertium sagt er (ob. cit. Ausgabe pag. 105): „Et ideo post linguarum necessitatem pono mathematicam esse in secundo loco necessariam, ad hoc ut sciamus quae scienda sunt; quae non est nota nobis per naturam; sed tamen est prope cognitionem naturalem inter omnes scientias quas scimus per inventionem et doctrinam. Nam ejus speculatio facilior est omnibus scientiis, eo quod pueri statim capiunt has scientias, sicut videmus; et Aristoteles hoc dicit septimo ethicorum;

---

[1]) Geschichte der Logik im Abendlande. 3. Bd. pag. 85.
[2]) „Er verweilt am liebsten bei Beispielen, welche der Geometrie angehören, citirt mehrmals den Euklides, einmal auch (L. I. c. 17) den Ptolemäus."
[3]) A. a. O. pag. 123. — Diese Hintansetzung des Aristoteles von Seite Bacon's bezieht sich nur auf die Logik, in der Naturphilosophie steht er auf seinem und seiner Commentatoren Boden.

non sic naturales scientias et metaphysicas, et alias. — — Atque propter hoc sequitur quod est prima scientiarum, sine quibus aliae sciri non possunt." — Im Opus minus (Ibid. pag. 323) heisst es: „Secundum peccatum est quod scientiae optimae et maxime contingentes theologiae non sunt in usu theologorum; sicut illae de quibus facio mentionem; ut grammatica secundum linguas alienas a quibus tota theologia venit, et secundum quas currunt expositiones sanctorum. — — Et longe magis valet mathematica, et perspectiva, et scientia moralis et experimentalis, et alkymia, sicut de singulis ostendo proprium sine contradictione." — Und so noch an vielen Stellen.

Baleus schreibt dem Roger Bacon eine grosse Zahl von mathematischen Abhandlungen zu, ob er alle diese verfasst hat, vermögen wir nicht zu entscheiden, jedenfalls sind einige Werke unter verschiedenen Titeln mehrfach angeführt; so soll er nach Baleus[1]) geschrieben haben: „De visu et speculis, perspectiva quaedam singularis, perspectiva distincta, de forma resultante in speculo, de perspectiva continua, de radiis solaribus, de speculis ustoriis;" es mögen diess auch verschiedene Abschnitte eines und desselben Werkes sein. Dass er eine Perspective oder Optik geschrieben hat ist sicher;[2]) auf dieselbe wird von ihm öfters hingewiesen, wie er überhaupt das grösste Stück auf der Perspective hält: „Sed longe magis quam haec oporteret homines haberi, qui bene immo optime scirent perspectivam et instrumenta ejus. Nam haec scientia est de visu vero, et per visum scimus omnia. Caecus enim nihil scit de hoc mundo; visus enim ostendit nobis rerum differentias, ut Aristoteles dicit, et scimus per experientiam. — — Et quae de perspectiva narravi modo patent manifeste ex Opere Majori, et tractatu quem collegi de perspectiva, qui est pars quinta principalis illius operis; et simul cum ea consulenda est magna pars quartae partis totius operis, scilicet ubi de muliplicatione specierum et virtutum agentium determinavi, quam licet ascribo ibi geometriae propter rationes suas, tamen extraxi de scientia perspectivae. Sed completiorem tractatum mito vobis de hac multiplicatione, ut facio postea mentionem; et hoc ideo, quia summa et principalis radix sapientiae, et pro philosophia et pro theologia, est in istis multiplicationibus, et infinita pulchritudo; et nec perspectiva, nec aliquid de philosophia sciri potest sine hoc." (Opus tertium, pag. 36—38.) — Die von Joh. Combach herausgegebene Perspective bildet den fünften Theil des Opus majus[3]), betitelt: „de scientia perspectiva"; dagegen findet sich die von Combach der Perspective beigegebene Abhandlung „de speculis" im Opus majus nicht vor. Im gleichen Jahre (1614) gab Joh. Combach noch eine zweite Schrift Bacons heraus unter dem Titel: „Specula mathematica, in qua de specierum multiplicatione, carumdemque in inferioribus virtute agitur etc.", welche identisch ist mit der den Anfang des 4. Theiles des Opus majus (pag. 42—81) bildenden Abhandlung: „in qua ostenditur potestas mathematicae in scientiis et rebus, et occupationibus hujus mundi." — Das „Opus majus", dessen Zweck eigentlich war, die Wichtigkeit des Studiums der alten Sprachen, der Mathematik (besonders der Perspective) und der experimentellen Wissenschaften (Physik und Alchymie) für jede höhere Erkenntniss nachzuweisen, ist ein bedeutendes Werk, das uns auf jeder Seite die umfassende Bildung, die grosse Belesenheit und die nicht gewöhnliche mathematische Begabung Roger Bacons zeigt. — Von der Ab-

---

[1]) A. a. O. pag. 342—344.
[2]) Sie erschien zum ersten Mal im Druck im Jahre 1614 zu Frankfurt a/M., herausgegeben von Joh. Combach, Prof. der Philos. in Marburg.
[3]) Zweite Ausgabe, Venedig 1750, pag. 191—270.

fassung eines grösseren mathematischen Werkes durch Roger Bacon, betitelt „de communibus mathematicae", das leider verloren gegangen ist, haben wir durch ihn selbst sichere Nachricht[1]); es bildete einen Theil eines grossen encyklopädischen Werkes, des „Compendium Philosophiae." J. S. Brewer entdeckte in dem Manuscripte bezeichnet MS. Sloane, 2156 f. 74, Bruchstücke desselben; eine Stelle aus der Einleitung lautet: „Hic incipit volumen verae mathematicae, habens sex libros: primus est de communibus mathematicae, et habet tres partes principales: prima pars continet quaedam communia praeambula ad interiora mathematicae, et habet ..... distinctiones. Prima distinctio comparat mathematicam veram ad metaphysicam et separat eam a falsa mathematica, et dat intentionem ejus et libros hujus scientiae totius determinat, et causas universales errorum humanorum in hac scientia, sicut in aliis excludit etc."[2]) Baleus erwähnt (p. 344) unter den Schriften Roger Bacon's auch „de quadratura parabolas"; über die Richtigkeit dieser Angabe sind aber gerechte Bedenken erlaubt: allerdings waren zu jener Zeit arabische Uebersetzungen einzelner archimedischer Schriften vorhanden, aber dass Bacon mit diesen bekannt gewesen sei, bezweifeln wir, kommt doch in seinen veröffentlichten Werken der Name des Archimedes nirgends vor.

Zum Schlusse dieser kurzen Bemerkungen über Roger Bacon's Leben und Schriften dürfen wir mit voller Ueberzeugung die Ansicht aussprechen, dass Bacon einen nicht zu unterschätzenden Einfluss auf die Stellung der mathematischen Disciplinen auf den Universitäten jener Zeit, in erster Linie natürlich Oxford, ausgeübt hat. Der Eintritt der Physik, speciell der Optik, in den Kreis der Universitätsvorlesungen mathematischer Richtung nahm mit ihm seinen Ursprung, zwei Abhandlungen über Optik (von Joh. Peckam und Witelo, s. weiter unten) folgten kurz nach der seinigen, und Oxford speciell weist im 14. Jahrhundert eine Reihe von Männern auf, die auf dem Gebiete der Mathematik sowohl durch ihre Vorlesungen, als durch ihre Schriften sich ausgezeichnet haben.

In die Fussstapfen Roger Bacon's in mathematischer Richtung trat unmittelbar sein Landsmann Johannes Peckam (lat. Pisanus), ebenfalls Franziskaner, der in Oxford Philosophie und Theologie mit grossem Erfolge lehrte, dann nach Paris und Rom reiste, wo er von Pabst Nicolaus III. zuerst zum Lector Palatinus und später (1279) zum Erzbischof von Canterbury ernannt wurde. Nach Baleus starb er anno 1292, also ungefähr um dieselbe Zeit wie Roger Bacon. Wir haben oben die Vermuthung ausgesprochen, dieser Joh. Peckam möchte identisch sein mit dem von Bacon wegen seiner mathematischen Kenntnisse so sehr gelobten Joh. Londinensis, welchen er als Jüngling im Jahre 1267 mit dem Opus majus zu Pabst Clemens IV. nach Rom sandte. Von einer Zurückkunft von Rom spricht Roger Bacon nicht mehr, und es ist also wohl möglich, dass dieser Jüngling in Rom blieb, vom Pabste wegen seiner Kenntnisse mit einer Stelle belohnt und von seinem Nachfolger später zum Erzbischof von Canterbury ernannt worden ist. Hiezu kommt nun noch, dass von Joh. Peckam eine „Perspectiva communis" oder Optik vorhanden ist, dass er also über dasselbe Gebiet geschrieben hat, für das Joh. von London nach Bacon's Berichten so grosse Vorliebe und Verständniss zeigte. Vergleiche man ferner, was J. S. Brewer in seinem

---

[1]) J. S. Brewer, Rogeri Bacon opera quaedam hactenus inedita. Preface, pag. 78.
[2]) Ibid. Preface, pag. 100.

„Life of Roger Bacon", das er der citirten Ausgabe von Bacon's Werken vorgesetzt hat, über John of London sagt[1]), so wird man die Vermuthung über die Identität von Joh. Peckam und Joh. Londinensis wohl gerechtfertigt finden. — Die Perspectiva communis[2]) des Joh. Peckam gehörte auf den Universitäten der folgenden Jahrhunderte zu den lectiones ordinariae der Artistenfacultät, neben ihr kamen weder diejenige Bacon's noch diejenige Witelo's (um 1290) in Gebrauch, obgleich oder vielleicht gerade weil diese beiden eine etwas höhere Stufe einnahmen (s. w. u. Oxford im 15. Jahrh.). Dass bei diesen ersten physikalischen Schriften des Mittelalters Euklides, Ptolemäus und Alhazen die Vorbilder waren, braucht wohl nicht besonders hervorgehoben zu werden, doch trifft man bei Bacon und besonders bei Witelo[3]) immerhin eine gewisse Selbständigkeit an. Baleus führt von Johann Peckam noch folgende Schriften an: „De sphaera, mathematica rudimenta, theorica planetarum."[4])

Vincentius von Beauvais (lat. Bellovacensis) aus Burgund gebürtig, Dominikaner, studirte und lehrte in Paris, verfasste eine Encyklopädie des gesammten Wissens jener Zeit, von der Grammatik bis zur Theologie, „Speculum majus" genannt, dessen eine Abtheilung, das „Speculum naturale", in 32 Büchern die naturhistorisch-mathematischen Kenntnisse jener Zeit enthält. Von der Mathematik ist hauptsächlich der Algorismus in Betrachtung gezogen und klar auseinandergesetzt. Vincenz starb 1264 im Dominikanerkloster zu Beauvais.

Alexander von Villedieu (lat. de Villa Dei) aus der Bretagne, der bekannte Verfasser des „Doctrinale", war auch, wie Buläus[5]) anführt, „astronomus et calculator insignis." Er schrieb: „De sphaera, lib. 1., de computo ecclesiastico, de arte numerandi[6]); lehrte um das Jahr 1240 in Paris.

Aus dem Anfang des Jahrhunderts berichtet Wood[7]) von einem bedeutenden Lehrer der Philosophie und Mathematik in Oxford, Gervasius Melkely, oder de Melkeleya, von dem aber keine mathematischen Schriften auf uns gekommen sind. Ebenso erwähnt Wood (Ibid. pag. 56) den Johannes von Basyngstoke, der in Oxford studirte, dann grössere Reisen nach dem Oriente unternahm, in Athen den Unterricht der gelehrten Tochter des dortigen Erzbischofs genoss, und

---

[1]) pag. XC.
[2]) Dieselbe erschien zum ersten Mal im Druck in Mailand unter dem Titel: Johannis Peckhami Archiepiscopi Cantuariensis Fr. Ord. min. Prospectiva communis, castigata per eximium artium et medicinae ac J. U. doctorem ac mathematicum peritissimum D. Facium Cardanum (Hieronymi patrem) Mediolanensem." Das Jahr der Herausgabe ist nicht angegeben, aber aus einigen Angaben zu schliessen, muss es um 1482 gewesen sein. Vergl. Panzer, Annales typographici etc. II. Bd. pag. 97.
[3]) Witelo behandelt die parabolischen Brennspiegel im 9. Buche seiner Optik (herausgeg. 1572 zu Basel von Friedr. Risner), benutzt dabei allerdings das Buch des Thideus: de speculis comburentibus vel de sectione mukefi (handschriftl. in Basel im Codex F. II. 33). Bacon erwähnt diese Abhandlung auch (in der Schrift de speculis und in der in der Ausgabe des Opus majus auf die Perspective folgenden Schrift: de multiplicatione specierum), tritt aber nirgends näher auf diese Spiegel ein: „quas nimis longum esset enarrare et difficilius explicari quam praesens opusculum requirat."
[4]) A. a. O. pag. 348—350.
[5]) Hist. Univers. Paris. Tom. III. pag. 674.
[6]) Buläus citirt nach Trithemius, was mit Vorsicht aufzunehmen ist; de arte numerandi ist wohl identisch mit dem Algorismus in Versen, der dem Alexander zugeschrieben wird und in den Rara mathematica von Halliwell, Cambridge 1839, publicirt wurde.
[7]) Hist. et antiquit. Oxon. I. Thl. pag. 59.

— 72 —

die griechische Sprache von ihr erlernte. Mathäus von Paris[1]) sagt von Joh. von Basyngstoke: „Fuit vir quidem in Trivio et Quadrivio experientissimus, graecis et latinis litteris ad plenum eruditus. — — Hic insuper M. Johannes figuras Graecorum numerales, et earum notitiam et significationes in Angliam portavit et familiaribus suis declaravit. Per quas figuras etiam literae representantur, quod non est in Latino vel Algorismo." Es war dies jedenfalls nichts anderes als die griechische Bezeichnungsweise der Zahlen durch die Buchstaben des Alphabetes. Basyngstoke übersetzte auch Werke aus dem Griechischen ins Lateinische; er starb 1252.

Michael Scotus, genannt Mathematicus, studirte in Oxford und Paris Philosophie und Mathematik, begab sich hierauf nach Spanien, lernte dort das Arabische und kam später an den Hof Friedrich II. als Astrolog. In dieser Kunst soll er der Erste seiner Zeit gewesen sein, so dass er auch wie Roger Bacon in den Ruf der Zauberei kam. Fruchtbarer sind seine Leistungen als Uebersetzer griechischer und arabischer Werke, namentlich aristotelischer Schriften, wahrscheinlich wurde durch ihn oder unter seiner Leitung auch der Almagest des Ptolemäus ins Lateinische übersetzt. Nach Jourdain[2]) übersetzte Michael auch ein Buch des arabischen Astronomen Alpetragius (Albatraki), betitelt „de sphaera", oder wie es auch von andern Autoren, z. B. Roger Bacon, citirt wird „de motibus coelestibus", welches auf die astronomischen Studien des 13. Jahrhunderts einen bedeutenden Einfluss ausgeübt haben soll. Aus dieser Uebersetzung erfahren wir die Lebenszeit des Michael Scotus, indem als Ort und Zeit der Uebersetzung angegeben sind: Toledo 1217. Es ist also unrichtig, wenn Baleus berichtet: „claruit anno Christi 1290, sub rege Eduardo primo"[3]).

Von italienischen Mathematikern haben wir ausser dem schon besprochenen Leonardo von Pisa noch zu nennen Campanus von Novarra, der um die Mitte des Jahrhunderts (nach 1261) als Caplan des Pabstes Urban IV. sich durch Uebersetzungen aus dem Arabischen und vielleicht auch aus dem Griechischen[4]) verdient gemacht hat. Wir verdanken ihm eine zweite Uebersetzung der Elemente des Euklides aus dem Arabischen[5]), welche, weil mit ausführlicheren Beweisen und einem Commentar versehen, die kürzer gefasste des Athelhard von Bath von den Universitäten des Mittelalters verdrängte. Ob diese Arbeit wirklich eine selbständige Uebersetzung nach einem andern arabischen Exemplare, als wie es dem Athelhard vorlag, oder nur ein Commentar der Athelhard'schen Uebersetzung sei, bildet noch heute eine Streitfrage, die aber durch die neuesten Forschungen von H. Weissenborn[6]) zu Gunsten der ersteren Ansicht entschieden sein dürfte. Dass aber Campanus nicht nur Uebersetzer war, sondern für jene Zeit eine bedeutende Summe mathematischer Bildung besass, bezeugt das ihm von Bacon gespendete Lob (s. oben pag. 65), wie auch der Inhalt seines Commentars. Derselbe enthält Andeutungen auf einige bis dahin im Mittelalter nicht bekannte Theorien, wie diejenigen der Sternvielecke und der Trisection des Winkels[7]).

---

[1]) Historia Angl. ad annum 1252.
[2]) A. a. O. pag. 142.
[3]) A. a. O. pag. 352.
[4]) Vergl. Jourdain, a. a. O. pag. 69.
[5]) Sie erschien zum ersten Mal im Druck zu Venedig im Jahre 1482, cum praefatione Erhardi Ratoldi.
[6]) Vergl. Abhandlungen zur Gesch. der Mathem. 3. Heft, im Supplem. zur histor.-literar. Abtheilung der Zeitschrift f. Mathem. und Physik, 25. Jahrg. pag. 143—166.
[7]) Vergl. für das Weitere Chasles, Gesch. d. Geometrie, übers. von Sohncke, pag. 597—599.

Nach Fabricius[1]) schrieb Campanus noch: Calendarium, de sphaera, theoricae planetarum, de computo ecclesiastico, de compositione quadrantis et breviloquium duodecim signorum Zodiaci, de quadratura circuli." Letztere Schrift (mehrmals herausgegeben, zum ersten Mal von Lucas Gauricus unter dem Titel: „Tetragonismus, id est circuli quadratura per Campanum, Archimedem Syracusanum atque Boëtium, mathematicos perspicacissimos adinventa, Venetiis 1503) ist ein schwaches Produkt, und es ist desshalb zweifelhaft, ob sie den Campanus zum Verfasser habe[2]).

An den italienischen Universitäten des 13. Jahrhunderts, Bologna, Padua, Salerno, Neapel, überhaupt in Italien, wurde die Astrologie intensiver betrieben als in Paris und Oxford und den nördlichen Ländern Europas, waren ihr doch die gebildetsten Fürsten des Mittelalters, wie Friedrich der II. und sein Sohn Manfred von Sicilien, leidenschaftlich ergeben; auch die italienischen Republiken hielten wie die Fürsten ihre eigenen bezahlten Astrologen. Libri[3]) führt aus alten Statuten der Universität Padua ein Stelle die Astrologie betreffend an, welche zeigt, in welchem Ansehen diese Kunst an den italienischen Universitäten stand: „quem (scil. astrologum) tanquam necessarissimum habere omnino volumus." Neben dem schon genannten Michael Scotus war der bedeutendste Astrolog dieses Jahrhunderts in Italien Guido Bonatti, nicht aus Forli, wie gewöhnlich angegeben wird, sondern aus Cascia in Toscana gebürtig, der Astrolog Ezzelins von Romano, der Republik Florenz und vielleicht auch Friedrich II.[4]). Fabricius[5]) schreibt ihm eine „Theorica planetarum" zu, sein astrologisches Hauptwerk sind seine „decem tractatus astronomiae." Er soll gegen die Mitte des Jahrhunderts in Bologna gelehrt haben[6]).

Ein anderer italienischer Astrolog dieser Zeit war Bartolomeo da Parma, der 1297 in Bologna Vorlesungen hielt und einen „Tractatus sphaerae"[7]) und einige andere astrologische Werke verfasst hat.

Das 14. Jahrhundert bildet für die Artistenfacultäten der damals bestehenden Universitäten die Blüthezeit. Das reiche Material der aristotelischen Philosophie und dasjenige seiner arabischen Commentatoren war während des 13. Jahrhunderts dem Abendlande zugeführt worden und erfuhr erst jetzt eine intensivere Verarbeitung: das 14. Jahrhundert hat eine ungeheure Zahl von Commentatoren aristotelischer Schriften hervorgebracht. Die Kämpfe der Thomisten und Scotisten, der Nominalisten und Realisten, wenn auch uns als leeres Wortgezänke und materiell höchst unfruchtbar erscheinend, hielten wenigstens das wissenschaftliche Leben rege und förderten eine logische Denkweise und Schulung, deren Einfluss keineswegs unterschätzt werden darf. — Bei jener Commentirung aristotelischer Schriften, besonders der naturphilosophischen, kamen nun auch vielfach mathematische, physikalische (bes. optische) und astronomische Fragen zur Sprache, in welchen allerdings die mittelalterlichen Commentatoren keine grosse Selbständigkeit entwickelten, sondern sich meistens an die arabischen anschlossen. Immerhin wurden diese Gebiete von jetzt

---
[1]) Bibl. med. et inf. lat. Bd. 1 pag. 897.
[2]) Vergl. die Abhandlung des Verfassers: Der Tractatus de quadratura circuli des Albertus de Saxonia: Hist.-lit. Abtheilg. der Zeitschrift f. Mathem. u. Physik, 29. Jahrg. pag. 82—101.
[3]) Histoire des sciences mathém. en Italie, Tome II. pag. 54.
[4]) Ibid.
[5]) A. a. O. 3. Bd. pag. 379.
[6]) Vergl. über ihn: B. Boncompagni, della vita e delle opere di Guido Bonatti. Roma 1851.
[7]) Im Druck herausgeg. im XVII. Bd. des Bulletino di Bibliografia e di Storia delle Scienze mat. e fis. Roma 1884.

an etwas besser berücksichtigt als in den vorhergehenden Jahrhunderten, und es sind in erster Linie die Vertreter des Nominalismus, denen wir in Paris und Oxford und in der zweiten Hälfte des Jahrhunderts in Wien als den Förderern der mathematischen Studien begegnen.

In Paris gehörten höchst wahrscheinlich bis gegen die Mitte dieses Jahrhunderts die mathematischen Lectionen nicht zu den ordentlichen, wenigstens wurden dieselben noch 1315, wie wir oben (pag. 64) angeführt haben, in den Collegien gelesen. Im Jahre 1366 nahm Pabst Urban V. eine Reformation der Universität vor, bei diesem Anlasse erhielt die Artistenfacultät neue Statuten, in welchen zum ersten Mal die Mathematik unter den ordentlichen, d. h. den zu einem Examen nothwendigen Fächern figurirte, allerdings mit sehr bescheidenen Ansprüchen: für das Baccalariat war gar nichts, für das Licentiat nur verlangt, dass der Baccalarius „aliquos libros mathematicos audiverit"[1]). Hieraus darf man aber nicht den Schluss ziehen, dass damals an der Pariser Universität die Mathematik gar zu geringschätzig behandelt worden sei, ebenso wenig als man aus einem in mathematischer Richtung reichlich bedachten Lectionsverzeichnisse auf eine besondere Pflege dieser Disciplinen an der betreffenden Universität schliessen kann. Massgebend sind uns in dieser Hinsicht vielmehr die Zahl, der Ruf und die Leistungen der Männer, die in einer bestimmten Zeitperiode an einer Facultät gelehrt haben und da erinnern wir, was Paris anbetrifft, nur an Nicolaus Oresme, Albertus de Saxonia und Heinrich von Langenstein, von denen die beiden letzteren die Pflege der Mathematik von Paris nach Wien verpflanzt haben. Sollte da Paris diese Wissenschaft so sehr hintangesetzt haben? Im Lectionsverzeichniss der Prager Artistenfacultät vom Jahre 1366 figuriren 6 mathematische Vorlesungen, worunter die 6 ersten Bücher Euklid's und der Almagest, dem man weder in Paris, noch Wien, noch Heidelberg und Köln begegnet, und doch sind uns von Prager Magistern jener Zeit, die in Mathematik sich besonders ausgezeichnet hätten, keine bekannten Namen überliefert worden.

Von französischen Universitäten des 14. Jahrhunderts haben wir neben Paris nur noch Toulouse (gest. 1229) zu erwähnen. Wir besitzen allerdings keine genügenden Materialien zur Geschichte dieser Universität[2]), allein wir müssen aus einer Stelle, auf die wir gelegentlich gestossen sind, schliessen, dass dieselbe in mathematischer Richtung keinen geringen Platz eingenommen hat. Wood[3]) citirt aus einem Mscpt. der Bodleyanischen Bibliothek folgende Worte eines Anonymus: „Alia studia praecellunt in particulari scientia, sicut Parisius theologia, Bononia jure, Salerno medicina, Tholosa in mathematicis; sed hoc (Oxon.) ut verus fons sapientiae praecellit in omnibus." Es ist allerdings eigenthümlich, dass über diese hervorragende Stellung, die Toulouse in mathematicis eingenommen haben soll, nichts weiteres bekannt geworden ist.

---

[1]) Bulaeus, Tom. IV. pag. 390. Unter den für das Licentiat vorgeschriebenen Lectionen befindet sich eigenthümlicher Weise auch die Mechanik des Aristoteles, die man sonst in den Lectionsverzeichnissen der übrigen Universitäten nicht findet.

[2]) Denifle enthält (a. a. O. pag. 328) über den Unterricht nur eine kurze Stelle aus dem Briefe, den die Universität kurz nach der Gründung an alle damals bestehenden Universitäten gesandt hat; dieselbe lautet: „Hic enim theologi discipulos in pulpitis et populos in compitis informant, logici liberalibus in artibus tyrones Aristotelis erudeant, grammatici balbuciencium linguas in analogiam effigiant, organistae populares aures molliti guthuris organo demulcent, decretistae Justinianum extollunt, et a latere medici praedicant Galienum. Libros naturales, qui fuerant Parisius prohibiti, poterunt illic audire, qui volunt naturae sinum modullitus perscrutari.

[3]) A. a. O. I. Theil, pag. 209.

Auch die aus dem 14. Jahrhundert datirenden Statuten der Oxforder Universität sind nur sehr lückenhaft vorhanden, wir finden unter denselben weder die Anforderungen für das Baccalariat, noch diejenigen für das Licentiat, einzig aus dem Jahre 1340 ein kleines Statutum mit dem Verzeichniss der Bücher, welche die Baccalarien cursorisch zu lesen haben, bevor sie zum Licentiat zugelassen werden, unter welchen sich aber keine mathematischen befinden[1]). Dass das oben (pag. 64) schon angeführte undatirte Statutum des 2. Bandes der Munimenta (pag. 414), welches die für das Licentiat vorgeschriebenen Bücher enthält, dem 14. Jahrh. angehöre, kommt mir höchst unwahrscheinlich vor, denn es wäre kaum erklärlich, wie in Oxford, wo Roger Bacon und Joh. Peckam gewirkt hatten, zu jener Zeit die „perspectiva communis" unter den „lectiones pro forma" hätte fehlen können.

Von Statuten italienischer Universitäten sind mir nur diejenigen von Florenz (gest. 1349) zugänglich gewesen[2]). Dieselben bieten für unsern Zweck sehr wenig, beweisen uns aber, dass die italienischen Universitäten (denn die Verhältnisse der andern werden von denjenigen von Florenz nicht wesentlich verschieden gewesen sein) in der Pflege der mathematischen Disciplinen hinter Paris, Oxford und den deutschen Universitäten zurückstanden. In den Statuten von 1387 (den einzigen aus der ältern Zeit noch vorhandenen) kommt nur der Name „Astrologia" vor. Pag. 51 findet sich die Bestimmung, dass „Scholares studii predicti possint eligere et eligant et eligere debeant unum (Magistrum) in Astrologia cum salario florenorum L auri."

Die Anforderungen für die Examina der Artistenfacultät finden sich nicht so specialisirt vor wie bei den deutschen Universitäten, pag. 78 heisst es blos: „Examinandus vero in Artibus ita demum admittatur, si juret se audivisse tempore debito libros ordinarios, et se disputasse bis ad minus, et unum colibetum (?) substinuisse publice in qualibet scientia, scilicet Phylosophia et Loyca; et dictos actus, saltem pro parte, debet fecisse in Studio Florentino: in quo Studio volumus etiam legisse, ante suum examen, ad minus sex lectiones in Loyca, et sex in Phylosophia, vel unum principium fecisse." Erst in einem Document vom Jahre 1435 treten neben der Astrologie noch Geometrie und Sphaera auf; dasselbe enthält ein Verzeichniss von neugewählten Lehrern, unter denen figurirt auch „Magister Piero de Fulgineo, ad legendum Strologiam (sic!), Geometriam et Speram, cum salario florenorum XX" (pag. 442).

Wenden wir uns nun zur Vergleichung der Statuten und Lectionsverzeichnisse der deutschen Universitäten des 14. Jahrhunderts, soweit sie die mathematischen Disciplinen berühren. Die älteste deutsche Universität ist Prag (gest. 1347); die ältesten uns erhaltenen Statuten der Artistenfacultät datiren aus dem Jahre 1367. In denselben sind folgende mathematische Vorlesungen verzeichnet[3]): Sphaera materialis (Honorar 1 Groschen, Dauer der Vorlesung 6 Wochen), Algorismus (8 Hallenses [Heller], 3 Wochen: es war dieses die wohlfeilste Vorlesung), Theorica planetarum (2 Groschen, 6 Wochen), sex libri Euclidis (8 Groschen, ein halbes Jahr), Almagestum Ptolemaei (1 Gulden, 1 Jahr: es war dieses die theuerste und längste Vorlesung), Almanachum (10 Groschen, ein halbes Jahr). Dieses Verzeichniss ist aber nicht vollständig, was wir aus den

---

[1]) Vgl. Anstey, Munimenta academica etc. Bd. I. pag. 142.
[2]) Sie wurden von A. Gherardi herausgegeben im 7. Bande der Documenti di storia Italiana unter dem besonderen Titel: Statuti della università e studio Fiorentino dell' anno 1387 etc. Firenze 1881.
[3]) Monumenta histor. univers. Prag. Tom. I. Pars I. pag. 76 u. 77.

sofort anzuführenden Bestimmungen über das Baccalariats- und Licentiatsexamen entnehmen: in der That wird auch am Schlusse des Verzeichnisses hinzugefügt: „Alii taxentur juxta comparationem praedictorum." Für das Baccalariat wurde bloss der „Tractatus de sphaera" verlangt[1]; für das Licentiat wurden gefordert[2]: „sex libri Euclidis, sphaera theorica (? soll wohl heissen theorica planetarum), aliquid in musica et arithmetica, perspectiva communis." Es fehlen also die „musica, arithmetica und perspectiva communis" in dem citirten Lectionsverzeichniss, der algorismus ersetzt die arithmetica nicht, jener wurde wohl schon beim Baccalariat als bekannt vorausgesetzt und es wurde daher nicht mehr darin geprüft, diese war in Prag nicht diejenige des Boëtius, sondern ein wahrscheinlich nach diesem Muster verfasstes Compendium des Joh. de Muris, die sog. „arithmetica accurtata", wie sich aus Art. 29 (pag. 82 u. 83) der Statuten, betitelt „de maximo et minimo tempore pro legendis libris requisito", ergiebt, wo für die arithmetica accurtata und die musica Muri im Maximum 1 Monat, im Minimum 3 Wochen festgesetzt sind. Der Almagest gehörte wohlbegreiflich nicht zu den „lectiones pro forma." In den Bestimmungen über die Bücher, die an Festtagen gelesen werden dürfen, findet sich noch folgende Stelle: „In quadruvio sex libri Euclidis, arismetica, musica Muri, sphaera materialis, perspectiva communis, theorica planetarum, algorismus de integris, computus cyrometricalis, non debent legi diebus festivis, sed omnes alii in quadruvio, dummodo non fuerint ad gradus deputati, possunt legi"[3]. Ferner finden wir pag. 50 über die Baccalarien die Bestimmung, dass sie diejenigen mathematischen Fächer lesen dürfen, die in demselben Semester nicht von Magistern gelesen wurden, es sei denn, dass sie von jenen specielle Erlaubniss hiezu hätten; dagegen durften sie unter keinen Umständen die Physik und Metaphysik des Aristoteles lesen. Dass die Mathematik durch die logischen und naturphilosoph. Disciplinen bedeutend in den Hintergrund gedrängt war und noch gleichgültiger und oberflächlicher gelehrt und gelernt wurde, als es die statutarischen Vorschriften erwarten liessen, beweisen einige weitere Stellen der Statuten: So gehörte nach einem Zusatze zu den Statuten von 1367 aus dem Jahre 1394 von allen mathematischen Vorlesungen nur die „Sphaera materialis" zu denjenigen Büchern, „quos ex toto audire tenentur promovendi"[4], die übrigen brauchten sie also nicht vollständig gehört zu haben, es genügte, wenn nur einzelne Partien, Abschnitte, Auszüge aus denselben behandelt worden waren. — Es ist uns auch eine Examenordnung für das Baccalariat aufbewahrt worden[5], sie lautet: „Series examinis. Principio invocata divina ope, examinandi tempora intitulationum et lectionum in cartulis seorsim omnes ostendent, ubi in orthographia probabuntur errantesque castigabuntur. Sequenti die tentamen in grammatica ordietur in hunc modum: Quilibet studentium unam horam respondendo sustinebit, ita tamen, ut decanus interrogationibus mediam partem horae, alii quatuor magistri disputationibus alteram partem horae conterant. In logica veteri similiter. In nova autem logica, in physicis, in libris de anima medietas horae uni dabitur, cujus partem unam decanus interrogando, alteram alii magistri disputando occupabunt. In tractatulo tandem sphaerae omnes ante prandium absolvent responsa. Postero die epistolia

---

[1] Ibid. pag. 49.
[2] Ibid. pag. 56.
[3] Ibid. pag. 92.
[4] Ibid. pag. 108.
[5] Ibid. pag. 127.

una hora ab omnibus scripta hora altera examinatoribus offerentur, etc." Also noch schnell vor dem Mittagessen wurde das Examen in der „Sphaera" abgethan und zwar wurden alle zusammengenommen, nicht einzeln geprüft.

Die zweitälteste deutsche Universität ist Wien (gest. 1365), die, was die Pflege der mathematischen Studien anbetrifft, im 14. und 15. Jahrh. unbestritten den ersten Rang einnimmt. Die mathematische Aera dieser Universität wurde inaugurirt durch die von Paris nach Wien berufenen Nominalisten Albertus de Saxonia, den ersten Rector der Universität, und Heinrich von Langenstein aus Hessen (1383 nach Wien berufen), und erreichte ihre höchste Blüthe um die Mitte des 15. Jahrhunderts unter den ersten Humanisten Georg Peuerbach und Joh. Regiomontanus. So finden wir denn auch in den ältesten uns erhaltenen Statuten der Wiener Artistenfacultät vom Jahre 1389, die jedenfalls unter dem Einflusse Heinrich's von Langenstein entstanden sind, wenngleich dieser als Professor der Theologie nach Wien berufen worden war, den Kreis der mathematischen Vorlesungen gegenüber von Prag erweitert: es treten zwei neue Disciplinen hinzu, die „proportiones" und die „latitudines formarum" (dagegen fehlt in Wien der Almagest des Ptolemäus, der aber in Prag kaum jemals gelesen wurde); dem entsprechend wurden auch die Anforderungen für das Baccalariat und Licentiat gesteigert; für das erstere wurden verlangt (complete et sine dolo): „Sphaera, Algorismus, primus liber Euclidis", hinzugefügt ist: „aut alii libri equivalentes"[1]; für das zweite waren gefordert: „Theoricae planetarum, quinque libri Euclidis, perspectiva communis, aliquis tractatus de proportionibus, et aliquis de latitudinibus formarum, aliquis liber de musica, et aliquis in arithmetica"[2]. Den „Computus" und „alia mathematicalia" durften die Baccalarien an Festtagen (worin auch die Sonntage inbegriffen waren) gratis lesen (majoribus tamen festis exceptis, quibus omnes volumus et praecipimus festivare)[3]. — Das bei den in Wien neu hinzugekommenen Fächern, proportiones und latitudines formarum, beigefügte „aliquis" zeigt uns, dass über diese Disciplinen schon mehrere Abhandlungen existirten; in der That kennen wir 3 Schriften über die Proportionen, die vor 1389 verfasst worden sind: den „Tractatum de proportionibus" des Thomas Bradwardinus (zum ersten Mal gedruckt Venedig 1505), der wohl aus dem unten folgenden Verzeichniss der mathematischen Vorlesungen in Wien zu schliessen, am meisten gebraucht wurde; den „Tractatum proportionum" des Nicolaus Oresme (ebenfalls 1505 zu Venedig zum ersten Mal gedruckt) und den „Librum proportionum" des Albertus de Saxonia (zum ersten Mal gedruckt 1482 zu Padua); über die „latitudines formarum" sind uns von damals ebenfalls drei Abhandlungen bekannt: die älteste war diejenige des Nic. Oresme (1482 zu Padua zum ersten Mal gedruckt), dann diejenige des Albertus de Saxonia (gedruckt zu Venedig 1505)[4], und drittens der Commentar zu den latitudines des Oresme von Blasius de Parma oder de Pelicanis (gedruckt 1482 zu Padua)[5]. — In den Abhandlungen

---

[1] R. Kink, Gesch. der k. Univ. zu Wien, 2. Bd. (Statutenbuch) pag. 189.
[2] Ibid. pag. 199.
[3] Ibid. pag. 196.
[4] Ob diese von Aschbach (Gesch. der Wien. Univers. 1. Bd. pag. 365) dem Albertus zugeschr. Abhandlung nicht etwa identisch sei mit einer von den ebenfalls 1505 zu Venedig in der Sammlung: Questio de modalibus bassani politi etc. veröffentlichten Arbeiten über denselben Gegenstand von Nic. Oresme und Blasius de Pelicanis, kann ich nicht mit Sicherheit entscheiden.
[5] Wahrscheinlich war dieser Commentar 1389 schon vorhanden, Blasius lehrte nämlich 1380-84 in Bologna.

über die Proportionen (soviel als „Verhältnisse"; unsere Proportion, d. h. die Gleichsetzung zweier Verhältnisse hiess damals „proportionalitas", oder „proportionabilitas", oder „similitudo proportionum") waren die verschiedenen Operationen mit Verhältnissen behandelt, also deren Addition, Subtraction, Multiplication und Division. Unter der ersteren verstand man aber nicht etwa die Addition zweier Verhältnisse oder Brüche im heutigen Sinne, sondern die Zusammensetzung zweier Verhältnisse zu einem auf dem Wege der Multiplication, d. h. einfach die Multiplication zweier Brüche. Dementsprechend bedeutet die Subtraction zweier Verhältnisse in unserer Ausdrucksweise die Division zweier Brüche. Consequenterweise mussten nun Multiplication und Division von Verhältnissen Potenzirung und Wurzelausziehung aus Brüchen bedeuten; diese Operationen wurden aber in den angeführten und damals auf den Universitäten gebräuchlichen Werken über Proportionen nicht behandelt, sie finden sich zuerst in dem das damalige Niveau des arithmetischen Wissens bedeutend übersteigenden „Algorismus proportionum" von Nic. Oresme (zum ersten Mal im Druck herausgegeben von M. Curtze, Berlin 1868), wurden aber zwei Jahrhunderte lang weder auf den Universitäten noch von mathem. Schriftstellern berücksichtigt. In den elementaren Werken über Proportionen finden sich noch die Sätze über Reduction, Zusammensetzung und Zerlegung von Verhältnissen, über mittlere Proportionalen zwischen zwei Verhältnissen, über rationale und irrationale Verhältnisse, dann die verschiedenen Sätze über Proportionen im heutigen Sinne etc. — Die „latitudines formarum", wie bis jetzt angenommen wurde (s. w. unten, was über Richard Suicet gesagt ist) ebenfalls zuerst von Nic. Oresme in die mathematischen Disciplinen eingeführt, können als die ersten Anfänge der Coordinatengeometrie betrachtet werden. Man stellte sich die Erscheinungen der Natur, z. B. Bewegungen, Veränderungen eines physikalischen Zustandes, etc. als veränderliche Grössen (formae) vor und repräsentirte dieselben geometrisch so, dass man diejenige Grösse, von der jene veränderliche abhängig war (also die unabhängige Variable) als Abscisse (longitudo), die abhängige Grösse (Function) aber als Ordinate (latitudo) auftrug und die Endpunkte der Ordinaten durch einen stetigen Zug unter einander verband. Das Werk des Nic. Oresme enthält nun im Anfang die Definitionen der verschiedenen Arten von latitudines (latitudo uniformis et difformis, latitudo uniformiter difformis et difformiter difformis etc.), hierauf werden die verschiedenen geometrischen Figuren nach diesem neuen Gesichtspunkte eingetheilt und betrachtet, der Schluss enthält einige interessante Bemerkungen über die Geschwindigkeit des Wachsens und Abnehmens der latitudines und über das Verhältniss der Formen[1]).

Unter dem Titel „Libri ordinarie legendi cum ipsorum collecta" finden wir im Statutenbuch[2]) das Honorar für die einzelnen Vorlesungen verzeichnet und zwar wurde bezahlt: für die ersten 5 Bücher Euclidis 6 Groschen, für die theorica planetarum 4, perspectiva communis 5, sphaera 3, proportiones longae Bragwardini (sic!) 3, de latitudinibus formarum 2 Groschen. Diesem Verzeichniss ist hinzugefügt: „De aliis vero libris communiter legi consuetis et requisitis ad gradus Magistri et Baccalarii habeant se benigne circa ipsorum audientes, ita quod non fiant querelae, quia excedentem utique puniemus." — Unter dem Titel „De disputatione ordinaria"[3]) treffen

---

[1]) Für Weiteres vergleiche man, wenn das Werk selbst nicht zugänglich ist: § 14 der Abhandlung von M. Curtze im 13. Bd. (Suppl.) der Zeitschrift für Mathem. und Physik, betitelt: Ueber die Handschrift R. 4°. 2, Problematum Euclidis explicatio, der k. Gymnasialbibliothek zu Thorn.
[2]) A. a. O. pag. 213.
[3]) Ibid. pag. 214.

wir folgende Bestimmung: „Item tales disputationes ordinariae et extraordinariae debent fieri doctrinaliter et ad utilitatem scolarium, magistrorum et ad honorem in materiis congruis non nimis difficilibus nec nimis communibus, sed in logica, metaphysica, philosophia naturali aut morali, aut mathematica juxta decentiam magistorum ordinarie vel extraordinarie disputantium." In den Statuten anderer Universitäten finden wir die Mathematik nicht in die Bestimmungen über die in den Disputationen zu behandelnden Gebiete hineingezogen.

Wir kommen zu Heidelberg (päbstl. Bulle Oct. 1385, eröffnet 1386). Die ältesten Statuten der Artistenfacultät sind leider ohne Datum; sie sind auch nicht aus einem Gusse, doch gehört der Grundstock derselben nach E. Winkelmann[1]) noch dem 14. Jahrhundert an, eine Reihe von Zusätzen datiren aus dem folgenden Jahrhundert. Für das Baccalariat sind keine mathematischen Fächer vorgeschrieben; für das Licentiat existirte im 14. Jahrhundert folgende Bestimmung: „Item jurabunt, se audivisse aliquos distinctos libros totales mathematicae et non solum plures partiales ejusdem et praesertim, quod audiverint tractatum de sphaera mundi in isto vel alio studio privilegiato, quodque per unam quadragesimam duodecim vicibus disputaverint diebus feriatis"[2]). Ziemlich jüngern Datums ist der Zusatz: „Item jurabunt se audivisse latitudines formarum, yconomicorum, polliticorum, proportiones, si saltem legerentur"[3]). Aus dem eben Angeführten mag der Schluss nicht ungerechtfertigt erscheinen, dass der Grundstock der Heidelberger Statuten aus der Zeit vor 1389 (dem Entstehungsjahr der oben benutzten Wiener Statuten) datirt, also unmittelbar nach der Gründung verfasst wurde und Paris zum Vorbilde hatte, und dass der citirte Zusatz dem Einflusse Wiens zuzuschreiben ist. — Der Artikel, welcher das Honorar für die einzelnen Vorlesungen festsetzt, lautet: „Item de perspectiva duo grossi, de quatuor libris Euclidis tantum et consequenter de tractatu sphaerae materialis unus grossus cum medio, de algorismo unus grossus, de computu cyrometricali tantum et de theorica planetarum unus grossus cum medio." Von späterer Hand ist hinzugefügt: „Item de bona fortuna unus grossus, de proportionibus tantum"[4]).

Köln (gest. 1388) verlangte für das Baccalariat keine Mathematik, für das Licentiat: „Sphaera mundi, theorica planetarum, tres libri Euclidis, perspectiva communis, aliquis tractatus de proportionibus, et aliquis de latitudinibus formarum, et aliquis in musica, et aliquis in arithmetica"[5]). Diese Bestimmungen finden sich in den ältesten aus dem Jahre 1398 datirenden Statuten, sie zeigen prägnant den Einfluss Wiens, wenigstens was die Anforderungen für das Licentiat anbetrifft. — Bianco gibt pag. 129 und 130 Honorar und Lesezeit für die einzelnen Vorlesungen an: Sphaera materialis 3 Albi, 2 Monate, tres libri Euclidis 6 Albi, 10 Wochen, theorica planetarum 3 Albi, 2 Monate, tractatus de sphaera (?) et perspectiva communis 6 Albi, 10 Wochen, proportiones 1 Albus, 3 Wochen, arithmetica 2 Albi, 1 Monat. In den Statuten im Anhang (pag. 71) fand ich nur die ersten beiden Angaben (Sphaera und tres libri Euclidis), woher Bianco die andern hat, weiss ich nicht.

---

[1]) Urkundenbuch der Universität Heidelberg. I. Bd. 1886. pag. 33.
[2]) Ibid. pag. 38.
[3]) Ibid.
[4]) Ibid. pag. 42.
[5]) Bianco, die alte Univers. Köln und die späteren Gelehrtenschulen dieser Stadt, 1856. I. Th. pag. 126, und Beilagen pag. 68.

Von **Erfurt** (päbstl. Stiftungsbrief 1389, eröffnet 1392) haben wir Statuten der Artistenfacultät aus dem Jahre 1412[1]). Für das Baccalariat wurde nur verlangt die „sphaera materialis"[2]; für das Licentiat: „arithmetica Muris, musica Muris, Euclides, perspectiva communis, theorica planetarum"[3]. Erfurt, das in der ersten Hälfte des 15. Jahrhunderts eine der glänzendsten und besuchtesten Hochschulen Deutschlands war, zeigt in Mathematik gegenüber Wien einen Rückschritt, immerhin sind in den Anforderungen die Hauptdisciplinen: Arithmetik, Geometrie, Astronomie und Optik vertreten. Weissenborn giebt pag. 134 die Lesezeit für die einzelnen Vorlesungen: Euclides 6 Monate, theorica planetarum 1½ Monat, musica 1 Monat, arismetrica (sic!) 1 Monat[4]), perspectiva 3 Monate, sphaera materialis 1½ Monat; am Schlusse stehen noch: computus 1 Monat und algorismus 1 Monat. Im § 107 (pag. 143) ist beigefügt: „Item nulli baccalariandorum computentur pro forma ad gradum plures lectiones de libris Aristotelis simul auditae quam duae; sed libri metaphisicales (in den Statuten von 1449 steht wohl richtiger mathematicales), rethoricales et grammaticales possunt computari pro tertia lectione pro forma."

Hiemit haben wir die Statuten der Artistenfacultäten der bedeutendsten Universitäten des 14. Jahrhunderts, soweit sie sich auf Mathematik beziehen, gewürdigt; wir gehen nun zur Betrachtung des Lebens und der wissenschaftlichen Leistungen derjenigen Männer über, die an diesen Universitäten über Mathematik gelesen od. geschrieben haben, müssen aber hiezu die Bemerkung abgeben, dass der dieser Arbeit zugedachte Raum uns nur erlaubt, die hervorragendsten dieser Gelehrten in den Kreis unserer Betrachtung zu ziehen und uns auch da nur mit den Lebensverhältnissen und Werken derselben ganz kurz zu fassen.

Paris. — **Johannes de Ligneriis** (de Lignères) lehrte ums Jahr 1330 in Paris mit grossem Erfolge Philosophie und Mathematik, besonders Astronomie, war Zeitgenosse von Joh. Danck (gen. de Saxonia), Joh. de Muris und Bernhardus de Villa-campi (od. de Haermais), die alle drei sich ebenfalls in diesen Disciplinen auszeichneten. Er schrieb nach Trithemius (dessen Angaben allerdings mit Vorsicht aufzunehmen sind): „Canones primi mobilis, Tabulas ejusdem, de Sphaera."[5]).

Johannes Danck, od. de Saxonia, lehrte also zu gleicher Zeit mit dem eben Genannten an der Pariser Universität und schrieb nach Trithemius: „Canones ecclipsales, Canones tabularum, de astrolabio, de incensionibus." Die „Canones tabularum" sind höchst wahrscheinlich identisch mit den 1483 zu Venedig[6]) und 1488 zu Augsburg[7]) gedruckten „Canones in tabulas astronomicas Alphonsi." Zu diesen Tafeln schrieben übrigens eine ganze Reihe mittelalterlicher Gelehrten Canones.

---

[1]) Weissenborn, Acten der Erf. Universität (8. Bd. 2. Thl. der Geschichtsquellen der Provinz Sachsen).
[2]) Ibid. pag. 143.
[3]) Ibid. pag. 138.
[4]) Raumer, Gesch. d. Pädagogik. 4. Th. pag. 276 (Lectionsverzeichnisse) macht aus arismetrica „ars metrica"; sonderbarer Weise ebenso Anstey (Munimenta acad. Oxon., pag. 413) „ars metrica Boethii".
[5]) Bernardino Baldi (1553—1617) schreibt ihm noch Abhandlungen über die Armillarsphäre, über das Astrolabium, über die Minutien und über die Sternbilder zu. Vergl. B. Boncompagni, im Bulletino di bibliografia etc. Tom. XII. pag 352—438.
[6]) Ibid. pag. 371.
[7]) Wolf, Gesch. der Astronomie, pag. 79.

Johannes de Muris, ebenfalls Zeitgenosse der Vorigen, lehrte in Paris die freien Künste und Philosophie. Er schrieb Auszüge aus der Arithmetik und Musik des Boëtius, die unter den Titeln: Arithmetica und musica abbreviata, oder accurtata, oder de Muris auf den Universitäten als Vorlesungen figurirten, wie wir gesehen haben schon 1367 in Prag[1]).

Petrus de Dacia (ein Däne) war 1326 Rector der Universität und nach Trithemius „Philosophus, Calculator et Astronomus insignis, ingenio subtilis, divinarum scripturarum et graeci sermonis non ignarus." Nach Budinszky[2]) ist er Verfasser eines „Calendarium" und einer Abhandlung „de computo." Es wird ihm auch ein MS. betitelt „Summa artis geometriae" zugeschrieben, das in zwei Exemplaren auf der Vaticanischen Bibliothek und in einem Exemplar im Besitze des Fürsten B. Boncompagni in Rom sich befindet[3]).

Petrus de Apono oder Abano (geb. zu Padua ums Jahr 1250), berühmter Mediciner, lehrte noch am Anfang des 14. Jahrhunderts in Paris, beschäftigte sich neben seinen Fachstudien hauptsächlich mit Astrologie, schrieb nach Budinszky[4]) einen Commentar zur Sphaera des Sacro Bosco und führte am Astrolabium einige Verbesserungen ein. Er starb 1320 zu Paris.

Conrad von Megenberg (lat. de Monte Puellarum), 1309—1374, studirte zuerst in Erfurt (wo lange vor Gründung der Universität eine berühmte Schule existirte[5]) die freien Künste, dann in Paris Philosophie und Theologie, wurde später Kanonikus in Regensburg. Man hat von ihm 2 Werke in deutscher Sprache, nämlich die „Deutsche Sphaera", auf Grundlage derjenigen des Sacro Bosco verfasst, und das „Buch der Natur", eine naturhistorische Encyclopädie, ebenfalls nach einer lateinischen Vorlage[6]).

Nicolaus Oresme (lat. Oremius, Oresmius, Orem), wohl der bedeutendste Vertreter der mathematischen Wissenschaften im 14. Jahrhundert und überhaupt der Scholastik, studirte ungefähr von 1348 an in Paris die freien Künste und Philosophie, war Mitglied des Collegium Navarricum, dessen dritter Verwalter (Moderator od. Magister magnus) er 1355 wurde[7]). Vom Studium der Philosophie ging er zu dem der Theologie über, wurde 1361 Dekan von Rouen, und 1377 Bischof von Lisicux in der Normandie, als welcher er 1382 gestorben ist. Er stand in grosser Gunst beim franz. König Karl V., in dessen Auftrag er die Ethik, Politik und Oekonomik und das Buch „de coelo" des Aristoteles ins Französische übersetzte[8]). Seine wichtigsten mathematischen und astronomischen Schriften sind: der „Tractatus proportionum", der „Algorismus proportionum", der „Tractatus de incommensurabilitate motuum coelestium", der „Tractatus de latitudinibus formarum", der „Tractatus de uniformitate et difformitate intensionum", u. der „Traité de la Sphère." Neben diesen verfasste er noch einige astronomisch-astrologische Abhandlungen, besonders gegen

---

[1]) Der Catalogus Codicum MSS. Oxon. von Coxe enthält unter den MSS. der Aula Mariae Magd. in Nr. II. 16: Canones tabularum Alphonsi compositi Parisiis in Sorbona per Jo. de Muris (fol. 127).
[2]) Die Universität Paris und die Fremden an derselben im Mittelalter. 1876. pag. 223.
[3]) Bibliotheca mathemat. von Eneström. Jahrg. 1885. Nr. 2. Nach einer Notiz von Hrn. Curtze in d. Zeitschrift für Mathematik u. Physik, XIII. Suppl. pag. 84 ist aber diese Geometrie keine andere als diejenige des Bradwardinus.
[4]) A. a. O. pag. 200.
[5]) Vgl. Denifle, die Universitäten des Mittelalters, 1. Bd. pag. 403 u. ff.
[6]) Vgl. Budinszky, a. a. O. pag. 124, u. Allgem. deutsche Biographie, 16. Bd. pag. 648.
[7]) Bulaeus, a. a. O. Tom. IV. pag. 97.
[8]) Ibid. pag. 430.

die Iudicialastrologie gerichtet. Die zwei bedeutendsten der genannten Abhandlungen sind die schon oben betrachteten Latitudines formarum und der ebenfalls citirte Algorismus proportionum, in welchem zum ersten Mal Potenzen mit gebrochenen Exponenten und die Regeln über das Rechnen mit denselben zur Betrachtung gelangten[1]).

Wir müssen auch an dieser Stelle die beiden Deutschen Albert von Riggensdorf (de Saxonia) und Heinrich von Langenstein (de Hassia) einreihen, da der erstere nur ganz kurze Zeit, der zweite in erster Linie als Theologe in Wien gewirkt hat. Albert wurde 1365 von Paris nach Wien berufen als erster Rector der neugestifteten Universität, wurde aber schon im folgenden Jahre zum Bischof von Halberstadt ernannt, als welcher er 1390 starb. In Paris hatte er sich besonders als Logiker und Mathematiker einen Namen erworben; Prantl sagt von ihm, dass er einer der einflussreichsten Autoren jener Zeit und ein auch in Mathematik und aristotelischer Physik gut geschulter Logiker war[2]). Im Sommer 1353 war er auch Rector der Universität. Aschbach[6]) schreibt ihm von mathematischen Schriften einen „Tractatus de latitudinibus formarum" (gedr. Venedig 1505), einen „Liber proportionum" (zuerst gedr. zu Padua 1482) und die Abhandlung „De maximo et minimo" (handschriftl. in Venedig) zu. Ausserdem tragen noch einige Quaestiones seinen Namen, von welchen wir ihm mit ziemlicher Sicherheit zuschreiben können: „de quadratura circuli" und „de proportione dyametri quadrati ad costam ejusdem" (handschriftl. in Bern, von mir veröffentlicht in der Zeitschrift für Mathem. u. Physik, hist.-liter. Abth. XXIX und XXXII). Diese Quaestiones scheinen mir, aus ihrer äusseren Form zu schliessen, den Gegenstand von Disputationen gebildet zu haben, die höchst wahrscheinlich Albertus an der Pariser Artistenfacultät gehalten hat. — Heinrich von Hessen, geb. 1325 in Langenstein bei Marburg, lehrte um 1363 in Paris Philosophie und Mathematik, wandte sich dann zum Studium der Theologie, in welcher er 1376 die Licenz erlangte, wurde 1383 an die reorganisirte Wiener Universität als Lehrer der Theologie berufen und starb daselbst 1397. Es sind von ihm nur astronomische Werke bekannt: „Quaestio de cometa" (handschriftlich zu Cassel und Wien), „Tractatus de improbatione epicyclorum et concentricorum" (nach Pez, thes. anecd. I. pag. LXXVII. als Manuscript in Cod. Mellic. b. 16.) und einige Abhandlungen gegen die Iudicialastrologie[4]).

Als hervorragende Lehrer der freien Künste in Paris im 14. Jahrhundert kommen neben den oben genannten noch in Betracht: das Haupt der Nominalisten, Wilhelm Occam, Johannes Buridanus, Marsilius von Inghen und Petrus de Alliaco (Pierre d'Ailly), welch' letzterer, wie übrigens schon Roger Bacon[5]), eine Reformation des Kalenders vorschlug und zwar durch Weglassung eines Schalttages nach je 130 Jahren.

Es darf an dieser Stelle wohl darauf aufmerksam gemacht werden, dass die grosse Mehrzahl derjenigen Artistenmagister, die sich auf dem Gebiete des Quadriviums hervorgethan haben, Nominalisten (oder besser Occamisten) waren, d. h. zur freieren, dem Empirismus zuneigenden Richtung in der Philosophie gehörten. Die Vermuthung liegt nahe, dass diese Männer,

---

[1]) Für Weiteres verweise ich auf die Zeitschrift für Mathem. u. Physik Bd. XIII. Suppl.
[2]) Gesch. der Logik im Abendlande. 4. Bd. pag. 60.
[3]) Gesch. der Wiener Universität, 1. Bd. pag. 365.
[4]) Ibid. pag. 366.
[5]) Fr. Rogeri Bacon Opera hactenus inedita; Opus tertium, pag. 275.

da die Lehre Occam's in Paris verfolgt und von der Universität verboten wurde (1339), und sie desshalb Logik, Physik und Metaphysik nicht lesen durften, wie sie wollten, sich ihre Vorlesungen mehr aus dem Gebiete des der Censur keinen Angriffspunkt bietenden Quadriviums wählten.

Oxford. — Diese Universität weist eine stattliche Zahl von Lehrern der mathematischen Wissenschaften im 14. Jahrhundert auf, sie waren fast sämmtliche Genossen des Collegium Mortonense (Merton College); überhaupt zeigt sich in Oxford mehr als an andern Universitäten die Erscheinung, dass die wissenschaftliche Richtung eines Collegiums, durch den Einfluss des Stifters oder bedeutender Mitglieder desselben einmal vorgezeichnet, für längere Zeit dieselbe blieb.

Als den hervorragendsten Mathematiker von Merton College und nach Nic. Oresme den bedeutendsten des 14. Jahrhunderts haben wir zu nennen Thomas Bradwardinus, geb. zu Hartfield, studirte und las in Oxford Philosophie und Theologie und wurde später Kanzler der St. Paulskirche in London und 1348 Erzbischof von Canterbury. Sein scholastischer Titel ist „Doctor profundus." Er starb 1349. Seine mathematischen Schriften sind: „Tractatus de proportionibus (s. oben pag. 77), De velocitate motuum, Arithmetica speculativa, 2 Bücher[1]), (handschriftlich in Bern, gedr. zu Paris 1496 und 1502), Geometria speculativa, od. Breve Compendium artis geometriae" (zum ersten Mal gedr. zu Paris 1495)[2]). In der k. Gymnasialbibliothek zu Thorn existirt ein Manuscript, das dem Bradwardinus zugeschrieben wird und den Titel führt: „Tractatus de continuo Bratwardini"[3]). Die wichtigste dieser Schriften ist die „Geometria speculativa"; in derselben werden zum ersten Mal eingehender die Sternvielecke (figurae egredientium angulorum) behandelt; Bradwardinus theilt dieselben ein in solche primi ordinis et secundi ordinis, betrachtet ihre Entstehungsweise aus den gewöhnlichen Vielecken und berechnet ihre Winkelsumme. In diesem Werke finden sich auch zum ersten Mal im christlichen Mittelalter wieder die elementaren Sätze über die Isoperimetrie. Doch sind weder die Sternvielecke noch die Sätze über die Isoperimetrie Bradwardin's Erfindung, sondern höchst wahrscheinlich griechisch-arabischen Schriften entnommen.

Richard von Wallingford lehrte im Anfang des Jahrhunderts in Oxford die freien Künste und Philosophie, trat nachher in den Benediktinerorden ein und wurde Abt zu St. Alban. Nach Baleus war er „in mathesi omnium sui temporis primus"[4]). Seine Blüthezeit fällt um das Jahr 1326. Er schrieb nach Baleus: „Canones in Albionem (Albion nannte er ein von ihm construirtes mathematisches Instrument, dessen Einrichtung mir unbekannt ist und das nach Baleus, I. Thl. p. 7, „pro regendo et conservando Albanensis monasterii horologio" diente), de sinibus demonstrativis, de rectangulo, de chorda et arcu[5]), de judiciis astronomicis, de rebus astronomicis,

---

[1]) Baleus, a. a. O. I. Bd. pag. 435, macht daraus 2 Abhandlungen: Arithmetica speculativa und arithmetica practica.

[2]) Baleus, Ibid. gibt dieser Schrift den Titel: Geometrica principia.

[3]) Zeitschrift f. Math. u. Physik XIII. Suppl. pag. 85 (M. Curtze, über die Handschrift R. 4⁰. 2, etc.).

[4]) A. a. O. I. Thl. pag. 397.

[5]) Im Catalogus libror. manuscrpt. Angliae et Hiberniae, Oxon. 1697. 2. Th. pag. 54 findet sich unter den MSS. des Colleg. Corp. Christi unter Nr. 144: Albion Rich. de Wallingford Abbatis de S. Albano. Dasselbe MS. enthält noch: Ejusdem Ricardi Rectangulum, figuris instructum. Incip. Rectangulum in remedium tediosi et difficilis operis armillarum. Explic. Ars operandi cum rectangulo anno Chr, 1326 felicitus. (sic!). Dieses Werk findet sich aber in dem genannten Catalog nicht citirt, sondern im Catalogus Codicum MSS. qui in collegiis aulisque Oxon. hodie adservantur. Confecit Henr. O. Coxe A. M. Oxon. 1852. Pars. II. Colleg. Corp. Chr. pag. 57). Der erste

— 84 —

de rebus arithmeticis, de computo"¹). — Wir stehen hier vor der interessanten, durch die noch vorhandenen Manuscripte bestätigten Thatsache, dass die englischen Mathematiker des 14. Jahrhunderts die trigonometrischen Arbeiten der Araber gekannt haben, denn als selbständige Arbeiter dürfen wir sie wohl nicht betrachten. Es muss dies wohl auch die Ansicht erschüttern, dass Regiomontanus bei seiner Einführung der Tangente in die Trigonometrie die Vorarbeiten der Araber (speciell des Abul Wefa) nicht gekannt habe, zumal, wie wir sofort sehen werden, auch die Tangente englischen Mathematikern bekannt war. Wallingford ist nämlich nicht der einzige englische Gelehrte jener Zeit, der trigonometrische Abhandlungen hinterlassen hat, als solche werden uns noch die beiden Folgenden genannt:

Johannes Mandwith (auch Maudith), ebenfalls Mitglied des Collegium Mertonense, zeichnete sich als Mediciner, Mathematiker und Astronom aus. Er lehrte ums Jahr 1340. Baleus²) schreibt über ihn: „In confesso est, eum illustrasse tum medicinam, tum astronomiam, imo et theologiam ipsam, libellis etiam editis, qui in diversis Angliae Bibliothecis adhuc exstant, ut in ingenti scriptorum catalogo Bostonus ipse Buriensis habet." Von mathematischen Werken werden ihm zugeschrieben: „De chorda recta et umbra, Tabulae astronomicae"³). Der erste Titel weist auf die Kenntniss der Tangente hin — sollte es da wahrscheinlich sein, dass Regiomontanus gar nichts von dieser Function gewusst hat?

Simon Bredon (lat. Biridanus) von Winchecombe gebürtig, berühmter Mediciner, hatte auch als Mathematiker, Astronom und Astrolog einen bedeutenden Namen. Er lebte ums Jahr 1380 unter Richard II. und schrieb eine grosse Reihe von Abhandlungen⁴): „1) In demonstrationes Almagesti, 2) In quaedam capita Ptolemaei, 3) Tabulae chordarum (incipit: Arcus, sinus rectus, sinus versus), 4) Calculationes chordarum, 5) De proportionibus, 6) Arithmetica theorica, 7) De rebus astronomicis, 8) Aequationes planetarum, 9) De latitudine eorundem, 10) Super introductorio Alchabitii, 11) Astronomia calculatoria, 12) Astronomia judiciaria, 13) Super aliquot demonstrationibus, 14) Expositio super Boëtii Arithmeticam"⁵).

Dass die beiden eben genannten Männer in erster Linie Mediciner und Astrologen waren, gibt der Vermuthung grössere Wahrscheinlichkeit, dass sie bei diesen Studien mit arabischen Arbeiten über Trigonometrie bekannt geworden sein möchten⁶).

Catalog enthält ferner unter den MSS. der Bodleianischen Bibliothek Nr. 1779, Classis V., Nr. 178: Quadripartitum Rich. Wallingford Abbatis S. Albani de sinubus. — Idem de chorda recta et versa.

¹) Ziegelbauer, hist. rei liter. Ord. S. Bened. 4. Bd. pag. 310 sagt von Wallingford, dem er übrigens den Vornamen Joh. nicht Richard gibt: quaedam fragmenta astronomica cum aliis ad Calendarium et Computum eccles. spectantibus habentur in biblioth. Cottoniana sub imagine Julii Lit. D. Cod. VII. n. 1, cum aliis ejusdem opusculis uno collectis volumine.

²) A. a. O. I. Th. pag. 426.

³) Im Catalogus libr. mscp. Angl. et Hib. findet sich unter den MS. der Aula Marine Magdal. zu Oxford in Nr. 4: Nomina stellarum fixarum extractarum secundum Mag. Joh. Maudith in Oxon. pro anno Chr. 1316.

⁴) Ibid. pag. 488.

⁵) Dieses letztere Werk führt Baleus nicht an, es findet sich verzeichnet in den beiden citirten Catalogen unter den MSS. des Colleg. Corp. Chr. mit Nr. 118. Das erstgenannte Werk wird im Catalogus libr. mscrp. Angl. et Hib. unter derselben Nummer 1779, die oben citirt ist, angeführt. Die gleiche Nummer enthält noch: Tractatus spectans ad quadraturam circuli per Simonem de Bredon.

⁶) Nachträglich fand ich im Coxe'schen Catalog der Oxforder MS. unter denjenigen d. Aula Mar. Magdal.

— 85 —

Wilhelm Grysaunte, ebenfalls Mediciner und Astrolog, verliess um 1350 England und brachte den Rest seines Lebens in Marseille als Arzt zu. Er schrieb: „De quadratura circuli, de magnitudine solis" [1]).

Richard Suicet (Suisset, Swinshed, auch mit dem Vornamen Roger citirt), bedeutender Logiker und Philosoph, wird nach Baleus [2]) von Joh. Major im ersten Buche, 5. Cap. seines Werkes „de gestis Scotorum" „calculator acutissimus" genannt. Er lebte um die Mitte des Jahrhunderts und schrieb nach Baleus: „Mathematicae commentationes, Calculationes astronomicae, de coelo et mundo, Ephemerides, Descriptiones motuum, de intensione et remissione". Baleus fügt hinzu: „Hi enim sunt librorum ejus tituli, quos reperi in diversis bibliothecis." — Der Titel des zuletzt angeführten Werkes trieb mich zu weitern Nachforschungen über diesen Autor an, und ich fand, geleitet durch Prantl's Geschichte der Logik [3]), die erwünschten Angaben über denselben in Jak. Brucker's „Historia critica philosophiae" (III. Bd. pag. 849—853). Dieser Gelehrte verweilt etwas länger bei der Betrachtung unseres Richard Suicet und in der That scheint der Inhalt seines „Calculator", der nach Brucker nicht identisch ist mit seinen Calculationes astronomicae, und von dem 1520 zu Venedig eine Ausgabe erschien unter dem Titel: „Calculator, subtilissimi Ricardi Suiseth Anglici calculationes noviter emendatae atque revisae", dieses Verweilen zu rechtfertigen [4]). Brucker citirt verschiedene Urtheile hervorragender Gelehrter über dieses Werk, so von Hieron. Cardanus, Jul. Caesar Scaliger, Picus von Mirandola, Ludwig Vives, Leibnitz, die theils rühmend, theils abschätzend lauten. Brucker selbst charakterisirt den Inhalt desselben mit folgenden Worten: „Rarae enim et incertae sunt de magno hoc viro memoriae, cum a plerisque non legeretur, eo quod eum subtilissime argutantem rationesque algebraicas elementis physicis adoptantem non intelligebant. — — Maxime vero in examinandis rerum naturalium affectionibus modisque earum per rationes numerorum calculique mathematici exprimendis summam industriam posuit." Aus diesen Worten, aus den folgenden des abschätzend urtheilenden Vives: — — „Porro scientia quae potest esse in rebus adeo a sensu et mente omni remotis ac segregatis? et de quibus ex inani aliquo fundamento vastum aedificium assertionum ac dissidentium sententiarum consurgit, ut de intensione et remissione, de raro ac denso, de motu uniformi ac difformi, uniformiter difformi, difformiter difformi. Quid quod in his, quae nunquam contingunt, ac ne possint quidem in natura, multi sunt atque immodici: ut de infinite raris ac densis, de hora secta in partes proportionales, hoc aut illo proportionis genere, in unaquaque ut aliqua sit motus ratio vel alterationis vel rarefactionis"; und aus den Ueberschriften der einzelnen Capitel, die Brucker anführt: „1) De intensione et remissione, 2) de difformibus, 3) de intensione elementi habentis duas qualitates inaeque extensas, 5) de raritate et densitate, 6) de augmentatione, 10) de maximo et minimo, 14) de motu locali, 15) de medio non resistente, 16) de inductione gradus summi," können wir sofort erkennen, dass wir es hier mit einem Werke zu thun haben, das ungefähr denselben

---

in Nr. II. 15 eine Tabula sinus des Mag. Joh. de Ligneriis angeführt (fol. 126). Also auch französ. Magister waren schon Anfangs des 14. Jahrhunderts mit den trigonom. Arbeiten der Araber bekannt.

[1]) Baleus, a. a. O. I. Th. pag. 446.
[2]) Ibid. pag. 456.
[3]) Bd. 4, pag. 90.
[4]) Die im Jahre 1505 zu Venedig im Druck herausgegebene Sammlung, beginnend mit der Questio de modalibus Bassani Politi, enthält auch: Tractatus proportionum introductorius ad calculationes Suisset.

selben Zweck verfolgt wie die Latitudines formarum, nur vielleicht etwas tiefer in metaphysische und naturphilosophische Anwendungen hineingreift, als dasjenige des Nic. Oresme, und dass die von Baleus citirte Schrift „de intensione et remissione" entweder mit diesem „Calculator" identisch oder wenigstens ein Theil desselben ist. Zum Ueberfluss gibt Brucker noch eine Stelle aus dem 2. Capitel mit einer Figur, die eine Reihe von Ordinaten zeigt, die mit dem Namen „latitudo alterationis" bezeichnet sind.

Richard Suicet trat nach einer längeren Lehrthätigkeit in Oxford um die Mitte des Jahrhunderts in den Cistercienserorden über und es ist daher sehr wahrscheinlich, dass seine Abhandlung älter ist als diejenige Oresme's. Es kann sich bei dieser Frage übrigens nur um die geometrische Darstellung mit Hülfe von Coordinaten handeln, denn was das zur Darstellung Gelangte und die hiebei auftretenden Begriffe anbetrifft, so ist auch Richard Suicet nicht der erste, der sich mit diesem Gegenstande beschäftigt hat. Der Begriff „intensio et remissio formarum" ist der Quantitäten- und Qualitätenlehre der scholastischen Philosophen entnommen und reicht bis zu Duns Scotus hinauf, der in seinen Quaestiones in Physicam Aristotelis „die Gradualität der Formen, d. h. die Steigerung und das Nachlassen derselben, näher erörterte und die Veranlassung dazu bot, dass bald von verschiedenen Seiten mehrere Schriften „de intensione et remissione formarum" verfasst wurden"[1]). So schrieben über dieses Gebiet Aegidius Romanus († 1316), Antonius Andreas († 1320), Durand v. Pourçain († 1332), Armand v. Beauvoir († 1334), Johannes Baconthorpe († 1346, s. w. u.), Wilhelm Occam († 1347) und Walter Burleigh († 1337), theils besondere Capitel in ihren philosophischen Schriften, theils wie der Letztgenannte selbständig erschienene Abhandlungen[2]). Es war mir leider nicht möglich, die Schriften sämmtlicher genannten Autoren zu consultiren, allein es scheint mir ziemlich unwahrscheinlich, dass einer derselben sich der geometrischen Methode bedient habe, und so bliebe immerhin noch Richard Suicet oder Nic. Oresme das Verdienst, als die ersten unter den Gelehrten des christlichen Mittelalters die Coordinatengeometrie zur Anwendung gebracht zu haben[3]). Nicolaus Oresme deutet übrigens im Anfang seiner noch ungedruckten Abhandlung „de uniformitate et difformitate intensionum"[4]) auf Vorarbeiten in dieser Richtung hin, ob sich dieselben aber auf das Materielle oder auf die Methode der Darstellung beziehen, können wir nicht entscheiden. Hält man mit den obigen Betrachtungen die angeführten trigonometrischen Arbeiten englischer und französischer Gelehrten jener Zeit zusammen und berücksichtigt man die ausserordentlich geringe Selbständigkeit des Mittelalters auf allen Gebieten des Wissens, so kann man sich des Gedankens nicht erwehren, es

---

[1]) v. Prantl, Gesch. der Logik im Abendlande, 3. Bd. pag. 223.

[2]) Ibid. pag. 263, 281, 297, 309, 319, 361. Die Abhandlung des Walter Burleigh „de intensione et remissione formarum" wurde 1496 zu Venedig im Druck herausgegeben.

[3]) Die Frage, ob Oresme zuerst auf diese Darstellung vermittelst Coordinaten gestossen sei, wurde schon von Hankel (zur Gesch. der Mathem. im Alterthum und Mittelalter, Leipzig 1874, pag. 351) und Sig. Günther (Die Anfänge und Entwicklungsstadien des Coordinatenprincips, Abhandlungen der natur. Gesell. zu Nürnberg, 6. Band) ventilirt.

[4]) Vgl. M. Curtze: Die mathemat. Schriften des Nic. Oresme. Berlin 1870. pag. 12. Die citirte Abhandlung beginnt: Cum ymaginacionem veterum vel meam de uniformitate et difformitate intensionum ordinare incepissem occurrerunt mihi quedam alia que huic proposito interieci.

möchten auch diese ersten Keime einer Coordinatengeometrie auf arabische Quellen zurückzuführen sein [1]).

Johannes Killingworth, ausgezeichneter Philosoph, Astronom und Mediciner, lebte um's Jahr 1360 und schrieb: „Tabulae astronomicae, de crepusculis, de ascensionibus nubium, arithmeticum opus, algorismus" [2]).

Als Mitglieder des Collegium Mertonense haben wir weiter noch anzuführen: Wilhelm Reade (Reede, Rede) und Walter Bryte (lat. Brithus), die beide gegen das Ende des Jahrhunderts in Oxford lehrten. Der Erste schrieb: „Tabulae astronomicae und Canones tabularum" [3]); der zweite, ein Schüler und Anhänger Wiclef's: „Theoremata planetarum, Tractatus algorismalis, de rebus mathematicis" [4]). (Vergl. für alle Genannten auch Wood, Hist. et antiq. Oxon. Bd. II, pag. 87).

Am eben genannten Orte (pag. 88) fügt Wood noch über das Collegium Mertonense hinzu, er habe nicht alle Männer aufzählen können, die sich hier den Wissenschaften widmeten und Schriften hinterliessen. Besonders war dieses Collegium reich an Männern, „qui rei mathematicae et astronomicae tam feliciter insudarunt, ut posteros ad utriusque studium potenter adeo impulerint, acsi genios iisdem transmisissent; unde factum est, ut cum sodalitio illo nec Oxoniense aliquod, nec Parisiense, currentibus duabus centuriis, de scientiarum earum peritia certare potuerit."

Als Mitglieder anderer Collegien haben wir noch zu nennen:

1) Vom Collegium Balliolense: Roger Whelpdale, aus der Grafschaft Cumberland gebürtig, berühmt als Philosoph, Theolog und Mathematiker, wurde später Bischof von Carlisle, starb 1422. Er schrieb: „De quanto et continuo, de compositione continui" [5]). Es wäre möglich, dass das dem Bradwardinus zugeschriebene Werk „de continuo" identisch wäre mit einer dieser Abhandlungen.

2) Ungewiss aus welchem Collegium: Johannes Baconthorpe, aus Norfolkshire gebürtig, studirte in Oxford und Paris Philosophie und Theologie, und lehrte zuerst in Paris mit grossem Erfolge, erhielt den Titel „Doctor resolutus", kehrte dann nach England zurück und wurde zum Provinzial der Carmeliter ernannt, deren Orden er schon früher angehört hatte. Er war auch in Astronomie sehr bewandert und ein Feind der Astrologie und Magie. Seine astronomischen Werke sind: „De sphaera judiciali, de astrorum scientiis, contra magicas artes" [6]). Er starb 1346.

Bologna. — Hier las von 1322—1325 der durch sein tragisches Ende bekannt gewordene Cecco d'Ascoli über Astronomie und Astrologie, welch' letztere an den italienischen Universitäten besonderer Pflege sich erfreute. Er verfasste einen Commentar zu der Sphaera des Sacro Bosco, ferner sollen von ihm noch existiren: „Praelectiones ordinariae astrologiae habitae Bono-

---

[1]) Der Catalogus libr. mspt. Angl. et Hib. (2. Th. pag. 55) enthält unter den MSS. des Colleg. Corp. Chr. ein solches mit Nr. 254 Vol. I. 8, betitelt: Rogerus Bacon, de linea intensionis et remissionis. — Der Catalog von Coxe hat: Tractatus Rogeri Baconi de graduatione rerum compositarum, sive de linea etc. — Hat wohl schon Roger Bacon auf diesem Gebiete gearbeitet, od. ist dies eine Verwechslung der Autoren und sollte es heissen: Roger Suicet, wie er auch statt „Richard" genannt wird?
[2]) Baleus, a. a. O. pag. 460.
[3]) Ibid. 2. Th. pag. 53.
[4]) Ibid. 1. Th. pag. 503.
[5]) Baleus, a. a. O. I. Th. pag. 471.
[6]) Ibid. pag. 382 u. ff.

niae" und „Epistola seu tractatulus de qualitate planetarum". Sein Hauptwerk ist die „Acerba", eine Encyclopädie des damaligen Wissens in Versen, die aber eine ganze Reihe neuer Gedanken und Erklärungen von physikalischen und meteorologischen Erscheinungen enthält, die beweisen, dass Cecco d'Ascoli ein verständiger Beobachter war. Seine Angriffe auf Dante, welche die Florentiner erzürnten und der Neid erbitterter Rivalen brachten es endlich dahin, dass er in Florenz im Jahre 1327 den Feuertod erleiden musste [1]).

Nach Silvestro Gherardi [2]) hat von 1380—1384 Biagio da Parma (lat. Blasius de Pelicanis oder Pelacanis) den Lehrstuhl für Astrologie an dieser Universität innegehabt. Derselbe beschäftigte sich auch nach Libri [3]) mit Statik und Perspective und commentirte, wie wir oben (pag. 77) angeführt haben, das Werk des Nic. Oresme: de latitudinibus formarum.

Im Jahre 1383 lehrte Antonio Biliotti aus Florenz, genannt dell' Abbaco, in Bologna Arithmetik (Algorismus) und Geometrie [4]).

Libri führt noch eine Reihe von italienischen Gelehrten des 14. Jahrhunderts an, die sich durch mathematisches Wissen und durch Arbeiten auf diesem Gebiete ausgezeichnet haben; ich nenne von denselben nur: die Florentiner Paolo Dagomari (auch Paolo dell' Abbaco genannt, † 1365), Rafaele Canacci [5]) und Giovanni Danti von Arezzo. Da uns aber von denselben nicht überliefert ist, ob sie an Universitäten gelehrt haben, so treten wir nicht weiter auf ihr Leben und ihre Schriften ein. Dieselben scheinen sich mit Vorliebe auf dem Gebiete der Algebra bewegt zu haben; man sieht hieraus, dass das von Leonardo Fibonacci angesteckte Licht nie ganz zum Erlöschen kam, bis es endlich im 16. Jahrhundert wieder zum schönsten Glanze gelangte.

Prag. — Von dieser Universität kann ich keine Gelehrten anführen, die sich besonders in Mathematik hervorgethan hätten; Tomek [6]) nennt als berühmte Magister der freien Künste von der Gründung bis 1409: Johannes Stetefeld von Eisenach, Peter von Pribislaw, Stanislaus von Znaym. Ob und was dieselben über Mathematik gelesen haben, war mir nicht möglich ausfindig zu machen.

Wien. — Diejenigen beiden Männer, die das Studium der Mathematik in Wien angeregt und wohl mehr indirekt als direkt befördert haben, haben wir noch als Magistri der Pariser Universität betrachtet. Zwischen diesen und Joh. v. Gmunden, der im Anfang des 15. Jahrhunderts die eigentliche Blütheperiode der Mathematik an der Wiener Universität eingeleitet hat, sind einige Lehrer der Artistenfacultät zu nennen, von denen wir wissen, dass sie mathematische Vorlesungen gehalten haben.

Aschbach [7]) gibt uns ein Verzeichniss der Vorlesungen, die im Schuljahr 1390/91 an der

---

[1]) Vergl. Silvestro Gherardi: Einige Materialien zur Gesch. d. mathem. Facultät der alten Universität Bologna, übersetzt von M. Curtze, Berlin 1871, pag. 19—30.
[2]) Ibid. pag. 19.
[3]) Hist. des Sciences math. en Italie, Tome II. pag. 209.
[4]) Ibid. pag. 205.
[5]) Schrieb eine Abhandlung über Algebra, die ziemlich schwierige Fragen behandeln und für die Gesch. der Mathem. von Interesse sein soll. Sie befindet sich nach Libri (a. a. O. pag. 208) als Mscrpt. in der Palatinischen Bibliothek zu Florenz.
[6]) Geschichte der Universität Prag. 1849.
[7]) Gesch. der Wiener Univers., 1. Bd. pag. 135 ff.

artistischen Facultät gehalten worden sind. Von 70 Magistern lasen 20 über 13 verschiedene Gegenstände, meist Aristotelica; eine mathematische Vorlesung fehlt in diesem Jahr, dagegen wurde gelesen: „Alkabitius oder liber de judiciis astrorum" von Benedictus de Ungaria. Die folgenden Jahre wurde wieder über Mathematik gelesen: 1391/92, am 1. September, fand die Vertheilung der Vorlesungen in der Artistenfacultät statt, und zwar beschloss dieselbe, „wegen der grossen Zahl der Vorträge und der Disciplinen, worüber zu lesen war, durch das Loos entscheiden zu lassen, wer das Recht habe, sich zuerst eine beliebige Vorlesung auszuwählen; den übrigen sollte das Loos die Vorlesung zuweisen". Nach diesem Modus konnte sich Petrus von Treysa aus Hessen, für den das Loos entschied, die Vorlesung über die „Vetus ars" wählen. Nur ungefähr der dritte Theil von der ganzen Anzahl der Magistri artium erklärte sich zum Lesen bereit, und sie wurden daher für das Schuljahr „actu regentes." Es wurde aus dem Quadrivium gelesen: „Arismetica" von Thomas von Cleve, „Proportiones breves" v. Joh. Gruber, „Libri Euclidis" von Martin v. Wallsee, „Latitudines formarum" v. Nikol. v. Dinkelspühl[1]), „Sphaera materialis" v. Petrus v. Pulka[2]). Im folgenden Jahre kam zu obigen Fächern noch hinzu „Perspectiva", gelesen von Friedr. v. Drossendorf. — Im Schuljahr 1395/96 fielen einige der genannten Vorlesungen weg, dafür wurde gelesen „Theorica planetarum" von Paul von Wien. Im Schuljahr 1396/97 las Walter von Lenzburg „Proportiones", ferner Peter v. Pulka über den „Computus physicus". 1397/98 las Heinr. Olting „den Algorismus de minutiis". 1399/1400 wurden die Vorlesungen zum ersten Mal wieder nicht verloost, sondern nach getroffener Verständigung von den einzelnen gewählt; es mag daher von Interesse sein zu vernehmen, wer die mathematischen Fächer wählte: „Euclides" — Joh. v. Wimpina, „Sphaera materialis" — Nikol. v. Fürstenfeld, „Perspectiva communis" — Herm. Wallsee, „Proportiones Bradwardini" — Conrad v. Rottenburg[3]), „Algorismus de integris" — Nikol. Nissel, „Latitudines formarum" — Friedrich v. Passau.

Von Heidelberg, Köln und Erfurt sind uns aus der Zeit vor 1400 keine Magister bekannt, die über Mathematik gelesen oder geschrieben haben. Wir führen hier bloss in Bezug auf Heidelberg die uns von Hautz[4]) überlieferte Notiz an, dass die vom ersten Rector Marsilius v. Inghen der Hochschule vermachte Bibliothek im Ganzen aus 221 Werken bestand, wovon 29 mathematischen Inhaltes waren, die Titel derselben sind nicht bekannt.

Wir kommen zum 15. Jahrhundert und schliessen mit der ersten Hälfte desselben unsere Abhandlung. Mit der zweiten Hälfte beginnt das Erwachen des Humanismus in Deutschland, befördert durch die seit den Concilien von Constanz und Basel immer reger gewordene Berührung deutscher Fürsten und Gelehrten mit den italienischen Humanisten, durch die Erfindung der Buch-

---

[1]) War aus Schwaben gebürtig, las von 1389—1405 mathem. und philos. Vorlesungen, ging später zur Theologie über. War einer der bedeutendsten Männer der Wiener Universität. Seine zahlreichen Werke sind meist theol. Inhaltes, das einzige erhaltene naturphilos. Werk sind seine Commentarii in libros physicor. Aristotelis (MS. in Wien). † 1433.

[2]) Petrus Tzach od. Tzech (von Pulka genannt) war von 1390 an Magister der Artistenfacultät, trat 1410 in die theol. Facultät über. Als Magister artium las er hauptsächlich über Mathematik und Astronomie, Schriften sind keine von ihm bekannt.

[3]) Aus Franken, las von 1400—1414 über Mathematik und Physik.

[4]) Gesch. der Universität Heidelberg 1862, I. Bd. pag. 223.

druckerkunst und durch die in Folge der Eroberung Konstantinopels durch die Türken entstandene Strömung griechischer Gelehrten und Schriften nach dem Abendlande. Zwar zeigen die Lectionsverzeichnisse der um die Mitte des Jahrhunderts gegründeten Universitäten Freiburg, Basel, Ingolstadt, Tübingen, noch keineswegs den Einfluss des Humanismus, ebenso wenig wie diejenigen der schon bestehenden Universitäten, Wien ausgenommen; erst gegen das Ende des Jahrhunderts und am Anfang des folgenden begannen die Wirkungen desselben auch nach dieser Richtung sich geltend zu machen. Für uns bietet das Auftreten von Peuerbach und Regiomontanus an der Wiener Universität den bezeichnenden Wendepunkt dar, mit dem wir das Mittelalter zu schliessen gedenken: zugleich die bedeutendsten Mathematiker des 15. Jahrhunderts und die ersten Magister der Wiener Universität, die klassische Vorlesungen hielten[1]), eignen sie sich wie keine andern als Marksteine einer neuen Zeit; ihr Streben und ihre Leistungen ragten so sehr über das Mittel jener Epoche empor, dass ihr unmittelbarer Einfluss nur ein geringer sein konnte, ihren Fussstapfen wagte längere Zeit Niemand zu folgen, es trat sowohl in mathematischer als klassischer Studienrichtung in Wien ein Stillstand ein, dem erst gegen Ende der siebziger Jahre, was den Humanismus anbetrifft, ein neuer Impuls folgte, in den mathematischen Disciplinen aber machten sich die Wirkungen jener Bestrebungen an den meisten Universitäten erst um die Zeit der Reformation geltend.

Auch in diesem Jahrhundert fanden die mathematischen Disciplinen in Paris noch nicht dieselbe Berücksichtigung bei den beiden Examina der Artistenfacultät wie an den übrigen Universitäten. Die im Jahre 1452 durch den päpstlichen Legaten Cardinal Tuttavilleo vorgenommene Reorganisation der Universität brachte für die mathematischen Fächer nichts Neues: wie bisher wurden für das Baccalariat keine Mathematik, für das Licentiat „aliqui libri mathematici" (ohne Nennung der einzelnen) verlangt[2]). Es scheint auch aus der Betrachtung der Universitätsgeschichte hervorzugehen, dass die mathematischen Studien im 15. Jahrhundert in Paris auf tieferer Stufe standen als im vorhergehenden, in welchem der damals blühende Nominalismus ihnen kräftigen Vorschub geleistet hatte. Noch 1516 schrieb Jac. Faber Stapulensis in der Vorrede zum Commentar der Sphaera des Sacro Bosco: „Georgius Hermonymus Lacedaemonius vehementer academiam nostram (Parisinam) commendat, unum tamen deesse causabatur. Quid? Mathemata, inquit."

Von Oxford besitzen wir Bruchstücke der Statuten der Artistenfacultät aus dem 15. Jahrhundert. Vom Jahre 1408 datiren die Bestimmungen für das Baccalariatsexamen; es waren vorgeschrieben: „Algorismus integrorum, Computus ecclesiasticus, Tractatus de sphaera, cum sufficienti ipsorum declaratione in collegio aut in aula a Magistro vel Bachillario"[3]). Aus dem gleichen Jahre finden sich keine Vorschriften für das Licentiatsexamen vor, dagegen aus dem Jahre 1431, dieselben verlangen[4]): „Arithmeticam per terminum anni, videlicet Boëthii; Musicam per terminum anni, videlicet Boëthii; Geometriam per duos anni terminos, videlicet librum geometriae Euclidis, seu Vittelionis perspectivam[5]); Astronomiam per duos terminos anni, videlicet Theoricam planetarum, vel Tholomeum in

---

[1]) Georg Peuerbach las 1454 und 1460 über Vergil's Aeneïs, 1456 über Juvenal's Satiren, 1458 über Horaz. Regiomontanus trug 1461 ebenfalls über Vergil und zwar über dessen Bucolica vor.
[2]) Buläus, a. a. O. Tom. V. pag. 570.
[3]) Munimenta acad. etc. Bd. I. pag. 243.
[4]) Ibid. pag. 286.
[5]) Der Herausgeber fügt in einer Anmerkung hinzu: This is the reading of a correction in the MS. B, A und C have Alicen (Alhazen) Vitulonemve in perspectiva.

Almajesti" (sic!). Diese Bestimmungen zeugen, wenn man die Zeit berücksichtigt, die diesen Fächern zugedacht ist, von einer nicht geringen Beachtung der mathem. Studien; eigenthümlich ist, dass Witelo's Perspective und nicht diejenige Peckam's oder Bacon's vorgeschrieben war, auch dies zeugt wieder von einer über das Oberflächliche hinausragenden Betreibung der mathematischen Studien in Oxford.

Prag und Wien zeigen bis 1450 keine Veränderungen in den Statuten, die sich auf die mathematischen Fächer beziehen. In Prag lagen überhaupt die Studien in der ersten Hälfte dieses Jahrhunderts und noch theilweise in der zweiten, in Folge der erbitterten Kämpfe zwischen Katholiken und Utraquisten, zwischen Deutschen und Böhmen, fast ganz darnieder; in Wien fand von 1384 an bis auf 1537 keine grössere Reform der Universität mehr statt.

In Heidelberg fanden Abänderungen, resp. Ergänzungen der Statuten statt in den Jahren 1427, 1430—38, und 1452, dieselben brachten aber in Bezug auf die Mathematik nur eine geringe Neuerung: die latitudines formarum und die proportiones, die in den ältesten Statuten noch nicht figurirten, kamen 1430—38 hinzu, wie schon oben angedeutet wurde. In der 1452 für das Collegium S. Dionysii erlassenen Ordnung findet sich für die Magister desselben folgende Bestimmung: „— Et quod quilibet eorum teneatur legere ordinarium suum in facultate artium, sic tamen quod si aliquis eorum ad subterfugiendum labores in facultate artium parvum elegerit ordinarium, utputa tractatum proportionum, latitudinum formarum, alienationum vel restrictionum, etc., quod idem Magister posterius leget Boetium de consolatione, theoricam planetarum, Euclidem aut alium librum in arismetica, musica, geometria vel astronomia pregnantem et artium facultati placentem pro gloria facultatis et etiam universitatis honore, ut ne solum singulares sed etiam generales clerici efficiantur"[1].

In Köln zeigt die Reform der Statuten vom Jahre 1457 keine Veränderungen in den Anforderungen, ebenso wenig diejenige in Erfurt vom Jahre 1449.

Leipzig (gest. 1409). — Die ältesten Statuten vom Jahre 1410 verlangen für das Baccalariat die „Sphaera materialis", für das Licentiat: „Perspectiva communis, theorica planetarum, Euclides, arismetica communis, musica (Muris)"[2]. Zeit und Honorar der Vorlesungen: Euclides (wie für die Metaphysik) im Maximum 3 Quartale, im Minimum 5 Monate, 8 Groschen (diesen gehen voran, zwar nur was das Minimum betrifft, Physik und Ethik des Aristoteles); Arismetica accurtata, musica Muris 1 Monat — 3 Wochen, 2 Groschen; theorica planetarum, sphaera materialis 6—5 Wochen, 2 resp. 1 Groschen; perspectiva communis 14 Wochen — 3 Monate, 4 Groschen[3]. Die zweite Statutenredaction vom Jahre 1436/37 zeigt nur in den Anforderungen für das Baccalariat eine Veränderung, indem noch „Algorismus" und „Computus" aufgenommen sind, die eigenthümlicher Weise in den älteren Statuten fehlen. In den Statuten von 1436/37 findet sich auch noch folgender Artikel: „Modus audiendi. Modus autem audiendi erit talis, quod quilibet audiens aliquam lectionem pro aliquo gradu in artibus, exceptis mathematicalibus, loyca (logica) Hesbri et politicorum, tenetur eam audire in libro, qui legitur, cum diligentia, sic quod tres lectiones immediate se sequentes sine causa rationabili non negligat nec sub una hora duas lectiones habeat, sub poena non computationis istius libri totalis vel partialis. Idem intelligitur

---

[1] Winkelmann, Urkundenbuch der Universität Heidelberg I. Bd. pag. 167—68.
[2] F. Zarncke, Die Statutenbücher der Universität Leipzig aus den ersten 150 Jahren ihres Bestehens. 1861. pag. 311.
[3] Ibid. pag. 312.

pro exercitiis"[1]). Hieraus müssen wir schliessen, dass in der Mathematik und den beiden andern genannten Fächern (die Zusammenstellung ist übrigens höchst eigenthümlich) mehr als 3 aufeinanderfolgende Stunden versäumt werden durften, ohne dass die Vorlesung beim Examen nicht angerechnet worden wäre. — Die dritte Statutenredaction vom Jahre 1471 enthält keine Aenderungen in den Anforderungen für beide Examina, dagegen sind in dem Artikel „de modo audiendi" die drei oben genannten Fächer nicht mehr ausgenommen[2]). — Zum Beweise dafür, welche Schwierigkeiten damals das Lesen und Hören mathematischer Collegien wohl an den meisten Universitäten gefunden hat, führe ich einen Artikel aus der durch den Bischof Tilo im Jahre 1496 vorgenommenen Universitätsreformation an; der Artikel 18, betitelt „de lectionibus in mathematica" lautet: „Quia libri mathematicales, fortassis propter paucitatem magistrorum in mathematicalibus exercitatorum, raro leguntur et in universitate continuantur, volumus et ordinamus, quod facultas artium de cetero singulis mutationibus sub certa mercede deputet aliquos magistros in mathematica peritos et instructos ad legendum et continuandum utiliores libros in mathematica ut Euclidem, perspectivam communem, theoricam planetarum et similes. Et hujusmodi mercedis sive pastus taxationem ipsi decano et suis senioribus aestimandum committimus"[3]). — Also freiwillig wollte Niemand mathematische Vorlesungen halten, die Facultät musste unter Zusicherung einer Extraentschädigung einzelne Magister hiefür bestimmen.

Leipzig ist so viel mir bekannt die einzige der vor der Reformation gegründeten deutschen Universitäten, von welcher noch Quaestionenbücher vorhanden sind, d. h. ununterbrochen fortgeführte Verzeichnisse der in den Disputationen behandelten Fragen (Quaestiones et sophismata[4]). Leider beginnen die Aufzeichnungen erst mit dem Jahre 1512, allein der Umstand, dass damals noch dieselben Vorlesungen, dieselbe Lehrmethode, dieselbe Universitätsorganisation und dieselben mathematisch-naturphilosophischen Anschauungen existirten, wie zur Blüthezeit der Scholastik, und die grosse Bedeutung der Disputationen im Lehrwesen des Mittelalters würden mich immerhin bestimmt haben, eine kurze Betrachtung dieses Gegenstandes in den Rahmen dieser Abhandlung aufzunehmen, wenn es der Raum gestattet hätte: ich werde mir desshalb ein näheres Eintreten auf dieses interessante Gebiet für einen andern Ort vorbehalten.

Von Rostock (gest. 1419) existiren nach Krabbe[5]) keine Statuten der Artistenfacultät aus den Jahren vor 1520. Die damals von den Herzögen Heinrich und Albrecht neu entworfene Studienordnung zeigt schon sehr deutlich den Einfluss des Humanismus, wenn auch Aristoteles immer noch zum grössten Theile das Feld beherrscht; in der Mathematik treffen wir hier zum ersten Mal auf die Theoricae planetarum des Georg Peuerbach, statt der älteren höchst unvollkommenen des Gerhard von Cremona.

Freiburg (gest. 1457). — Die unmittelbar nach der Gründung erlassenen Statuten fordern für das Baccalariat die „Sphaera materialis" und den „Algorismus", für das Licentiat die ersten

---

[1]) Ibid. pag. 328.
[2]) Ibid. pag. 405—6.
[3]) Ibid. pag. 22.
[4]) Vergl. F. Zarncke, die urkundl. Quellen zur Gesch. der Univers. Leipzig (in den Abhandlg. der kgl. sächs. Gesellsch. d. Wissenschaft, phil.-hist. Classe II. Bd. 1857) pag. 860.
[5]) O. Krabbe, die Univers. Rostock im 15. u. 16. Jahrh. 1854. I. Th. pag. 318 u. ff.

Bücher Euclid's und die Principien der Astronomie¹). Bei diesen geringen Anforderungen für das Licentiat müssen wir uns wundern, dass im Jahre 1465 bei der Vertheilung der Lehrfächer unter die Magister folgende mathematische Vorlesungen auftreten: Mag. Adam Riederer las die Perspective, Bartholdus von Dachau die latitudines, Paulus Graff proportiones, Joh. Suter primum Euclidis, Joh. von Andelau Algorismum, Heinrich von Ehingen computum²). Es mag hier noch die Notiz beigefügt werden, dass der Verfasser der „Margarita philosophica", Gregor Reisch, hier 1489 auch über Mathematik las.

Basel (gest. 1460). — In den Statuten von 1465 wurde für das Baccalariat verlangt die „Sphaera materialis", für das Licentiat: „primus Euclidis, arismetica si legantur (sic!), musica si legantur" ³). In den Statuten von 1492 steht statt „primus Euclidis" — „Euclides aut perspectiva" ⁴). Wir sehen, dass die Anforderungen hier noch geringer sind als in Freiburg.

Ingolstadt (gest. 1472). — Die Statuten des Stiftungsjahres enthalten unter den Fächern für das Baccalariat die „Sphaera materialis", das erste Buch „Euclidis" und den „Algorismus de integris"; für das Licentiat die „Theoricae planetarum" und die „Arithmetica communis" ⁵).

Tübingen (gest. 1477), die letzte der vor 1500 gegründeten Universitäten, ist zugleich auch die einzige der bisher betrachteten, die in den Anforderungen zu den Examina gar keine mathematischen Vorlesungen aufweist⁶). Der Grund hiefür könnte in der Existenz eines Pädagogiums liegen, das als Vorbereitungsanstalt zur Universität wahrscheinlich die elementaren mathematischen Disciplinen als Lehrgegenstände enthielt, doch kennen wir den Lehrplan dieses Pädagogiums aus jener Zeit nicht. Dagegen haben wir denselben vom Jahre 1536 und da findet sich keine Spur von Mathematik, dafür figuriren jetzt unter den Fächern der Artistenfacultät für das Baccalariat und Licentiat „Euclidis scripta (?)"; im Anfange des Artikels steht die Bemerkung: „Doctrina bonarum artium certae rationis ac modi praescripta quondam fuit honores ut fit gradatim petentibus. Id quidem recte factum, sed ratio vetus ac modus intolerabilis his temporibus videtur. Doctrina igitur bonarum artium ad talem ut sequitur praescriptionem tractabitur" ⁷). Es scheint also im Anfange den Vorgesetzten der Universität bloss am guten Willen gefehlt zu haben, auch der Mathematik ein Plätzchen einzuräumen.

Bis auf Peuerbach und Regiomontan haben wir nur wenige Männer von Bedeutung zu nennen, deren Wirksamkeit vorzüglich den damaligen Universitäten angehörte. Wir haben also aus dem letzteren Grunde den Cardinal Nicolaus von Cusa zu übergehen, dem, wenn auch nicht gerade wegen seiner geometrischen Leistungen, so doch als Beförderer und Verehrer mathematischer Studien, als einem der ersten naturphilosophisch freien Denker und als Vorläufer des Kopernikus in der Geschichte der Mathematik eine Stelle gebührt.

---

¹) H. Schreiber, Gesch. der Univ. Freiburg. 1857. I. Th. pag. 45.
²) Ibid. pag. 50.
³) W. Vischer, Geschichte der Universität Basel von der Gründung 1460 bis zur Reformation 1529. Basel 1860. pag. 154.
⁴) Ibid. pag. 179.
⁵) Raumer, Gesch. d. Pädagogik. 4. Bd. pag. 276.
⁶) Urkunden zur Gesch. der Universität Tübingen aus den Jahren 1476—1550. Statuten von 1477—1505. pag. 322—375.
⁷) Ibid. pag. 386 u. 387.

Als hervorragende Artistenmagister wirkten an der Pariser Universität in der ersten Hälfte dieses Jahrhunderts Johannes Hoynlin von Stein (lat. de oder a Lapide), Oliver Fabri, Johannes Wessel, Anselm von Cambridge, Albert von Hessen, die jedoch alle keine mathematischen Schriften hinterliessen; ob sie auch über Mathematik gelesen haben, war uns unmöglich zu erfahren [1]).

Aus Oxford, und zwar aus dem Collegium Mertonense nennt uns Wood [2]):
Johannes Killingworth junior, Mediciner und Astronom († 1445), Thomas von Rudburne senior, Theolog, Historiker und Mathematiker (um 1435), Thomas Kent (lat. Cantius), Mathematiker und Astronom († 1489). Wood führt keine Schriften von denselben an.

Aus der Aula Cervina wird genannt:
Wilhelm Botoner (auch Worcester genannt), von Bristol, zeichnete sich als Mediciner, Historiker, Cosmograph und Astronom aus († 1480). Er schrieb: „Verificatio omnium stellarum fixarum pro anno 1440, de astrologiae valore, Varia astronomica."

Von Lehrern des Quadriviums an italienischen Universitäten haben wir anzuführen:
Prosdocimo de' Beldomandi, der um's Jahr 1420 in Padua Professor der Astrologie und Musik war. Er verfasste eine Reihe von Schriften mathematischen Inhaltes, so einen „Tractatus algorismi" (gedr. zu Padua anno 1483), „de Geometria libri sex" (handschr. in der Bodl. Biblioth. zu Oxford), einen Commentar zur Sphaera des Sacro Bosco (gedr. 1531), „Canones de motibus corporum supercoelestium" (handschr. an verschiedenen Orten, unter anderen auch in der Stadtbibliothek zu St. Gallen) [3]).

Jacopo della Torre von Forli (lat. Jacobus de Forlivio), Professor der Philosophie und Medicin in Padua bis zu seinem 1413 od. 1414 erfolgten Tode, Lehrer des oben genannten Prosdocimo, war auch in Mathematik sehr bewandert und schrieb eine Abhandlung „de intensione et remissione formarum" (handschr. in der Biblioth. von S. Antonio in Padua, auch gedruckt ohne Angabe des Ortes und des Jahres) [4]).

Giovanni Bianchini (lat. Joh. Blanchinus), der um's Jahr 1450 in Ferrara Astronomie lehrte und mit dem Georg Peuerbach bei seinem Aufenthalte in Italien in freundschaftliche Beziehungen trat. Er verfasste einen Commentar zu den Alphonsinischen Tafeln [5]).

Was die deutschen Universitäten anbetrifft, so können wir einzig aus Wien einige Artistenmagister anführen, die mathematische Vorlesungen gehalten haben. Von 1415—1427 las unter Anderem über Mathematik und Astronomie Stephan Marquardi von Stockerau, von 1429—1431 Joh. Keck von Giengen (Schwaben), auch Joh. von Tegernsee genannt, 1413—30 Urban von Melk († 1436), 1421—35 Nicolaus von Grätz († 1444), 1419—40 Jodocus Weiler von Heilbronn († 1457), 1435—65 Wolfgang von Eggenburg und Andere. Auch der berühmteste Ge-

---

[1]) Buläus, a. a. O. Tom. V. pag. 889—921.
[2]) A. a. O. Lib. II. pag. 75 ff.
[3]) Vgl. A. Favaro, Intorno alla vita ed alle opere di Prosdocimo de'Beldomandi im Bulletino di Boncompagni, Tom. XII. pag. 1—251.
[4]) Ibid. pag. 27—28. Nach den Statuten von Florenz (herausgeg. von A. Gherardi, pag. 289) wurde Jac. de Forlivio im Jahr 1358 zum Lehrer der Philosophie in Florenz ernannt, wir finden ihn daselbst noch 1365 als Mediciner, es scheint uns desshalb das oben angegebene Todesjahr etwas spät angesetzt zu sein.
[5]) Wolf, Gesch. der Astronomie, pag. 79.

lehrte der Wiener Hochschule aus jener Zeit, der Theologe Thomas Ebendorfer von Haselbach († 1464) hat als artistischer Magister 1412—25 über Mathematik gelesen[1]). — Der bedeutendste aber von Allen war Johannes von Gmunden (am Traunsee in Oberösterreich). Sein Geburtsjahr ist unbekannt; er war schon 1406 Magister artium. Bis 1420 las er sowohl mathematische als logische und philosophische Vorlesungen, von da an nur noch mathematische u. astronomische, theils über die Elemente Euklid's und die Sphaera materialis, theils über die Theoricae planetarum und den Gebrauch des Astrolabiums. Er war mehrmals Dekan der Artistenfacultät, wandte sich nach der Sitte jener Zeit auch dem theologischen Studium zu und wurde 1416 Baccalarius in Theologie. Vom Jahre 1435 an verhinderte ihn Kränklichkeit am Lesen; in den letzten Jahren seines Lebens war er Pfarrer von Laa in Niederösterreich, er starb am 23. Febr. 1442. Er vermachte durch testamentarische Verfügung der artistischen Facultät seine Bibliothek und seine mathematischen und astronomischen Instrumente; diese Schenkung bildete die Grundlage der späteren Universitätsbibliothek. Unter den Büchern befanden sich: Sein „Algorithmus de minutiis physicis" (zum ersten Mal gedr. 1515), das „Astrolabium Alphonsi", die „Toledanischen Tafeln", „Summa judiciorum Halii Aben Ragel", „Introductio Alkabitii", „Commentaria Halii super librum quadripartitum Ptolemaei", die Arithmetik und die Musik des Boëtius und ein Calendarium. Die geschenkten Instrumente waren: „Eine Sphaera solida, Instrumenta Campani de aequationibus planetarum cum figuris extractis ex Albione de eclipsibus, das Instrument Albion[2]), Figurae communes in theoricas planetarum, ein hölzernes Astrolabium, zwei Quadranten, eine Sphaera materialis, ein grosser Cylinder, vier hölzerne Theoricae" (?). — Es ist Joh. von Gmunden's pädagogisches Hauptverdienst, dass er das Astrolabium dem astronomischen Unterricht zu Grunde gelegt hat. Ausser seinem Algorithmus, in welchem er das Rechnen mit Sexagesimalbrüchen (minutiae physicae), den Vorläufern der Dezimalbrüche, behandelte, verfasste er noch folgende astronomische Schriften: „1) Tabulae astronomicae cum canonibus, od. Practica tabularum astronomicarum (handschriftlich auf der Wiener Hofbibliothek), 2) Tabulae de planetarum motibus et luminarium eclipsibus verissimae ad meridianum Viennensem, 3) Aequatorium motuum planetarum ex Campano transsumptum (handschr. ebendas.), 4) Compositio Astrolabii et utilitates ejusdem et quorundam aliorum instrumentorum (ebenda als MS.), 5) Libellus continens Astrolabii quadrantes compositos a Mag. Joh. de Gmunden, 6) Calendarium cum suis canonibus et tabulis" (gedruckt und als MS. in Wien)[3]).

Die Grenzscheide zwischen Mittelalter und neuerer Zeit offenbart sich im mathematischen Unterricht der Universitäten nicht nur durch das Erscheinen hervorragender Geister dieser Richtung und die unmittelbar hiemit zusammenhängende Benutzung neuer, besserer Unterrichtsmittel, sondern noch deutlicher durch die Errichtung besonderer Lehrstühle für dieses Fach. Die Artistenfacultät der mittelalterlichen Universitäten war nur das Gymnasium der neueren Zeit, ihr Zweck war, jedem Studirenden eine gewisse Summe allgemeiner Bildung beizubringen, die ihn befähigte, die höheren Studien der Medicin, des Rechtes und der Theologie anzutreten. Daher wurde auch

---

[1]) Aschbach, Gesch. der Wiener Universität, I. Bd. pag. 428 ff.
[2]) Wahrscheinlich das von Rich. Wallingford erfundene (s. oben pag. 83).
[3]) Aschbach, a. a. O. pag. 455 u. f.

von jedem Artistenmagister verlangt, dass er in allen sieben freien Künsten gleich bewandert sei, dass er, wenn es die Umstände, das Loos oder die Reihenfolge verlangten, ebenso wohl vorbereitet sei, die Analytica des Aristoteles, als die ersten Bücher Euklid's zu lesen. Wohl musste dieses System der Gründlichkeit des Wissens und der fortschrittlichen Entwicklung der einzelnen Disciplinen Eintrag thun, für die allgemeine Bildung des Individuums aber war es von hohem Werthe. Der Jurist, der Mediciner, der Theologe, der als schon gereifter Mann ins praktische Leben heraustrat, er hatte vielleicht selbst einmal als Baccalarius oder Magister artium über Mathematik oder Astronomie gelesen, und war in diesen Fragen, die ihm in seinem Berufe hie und da nahe treten konnten, kein Ignorant. Heute, bei der immensen Ausdehnung aller Wissenszweige, ist dieser Bildungsgang nicht mehr möglich, aber doch vielleicht der Wunsch nicht ganz ungerechtfertigt, es möchten die angehenden Studenten, was auch das Berufsstudium sei, das sie gewählt haben, die allgemeine philosophische Bildung, im weitesten Sinne des Wortes, nicht vollständig vernachlässigen.

Vorliegende Abhandlung macht keinen Anspruch auf eine erschöpfende Darstellung des mathematischen Unterrichtswesens der alten Universitäten, der vorgeschriebene Raum war zu beengt hiefür; so konnte der Verfasser namentlich nicht näher auf den Inhalt der benutzten Lehrbücher eintreten, auch fehlte ihm das Material für die spanischen und theilweise für die italienischen und französischen Universitäten; allein die grosse Gleichförmigkeit und Stabilität, die das mittelalterliche Schulwissen und seine Lehrmethode charakterisiren, machen diese Lücken weniger fühlbar.

Es muss der Verfasser zum Schlusse noch sein Bedauern darüber ausdrücken, dass er S. Günther's „Geschichte des mathem. Unterrichtes im deutschen Mittelalter bis zum Jahre 1525" (Band III. der Monumenta Germaniae Paedagogica) nicht mehr berücksichtigen konnte; dieselbe erschien, als diese Arbeit bereits dem Drucke übergeben war. Keine der beiden Schriften wird, wie es im Wesen menschlicher Werke begründet liegt, vollkommen sein, — dass sie sich in manchen Punkten fruchttragend für die mathematisch-historische Forschung ergänzen mögen, ist mein innigster Wunsch.

Inhalt.

Einleitung
- I. Ueber Entstehung und Organisation der Universitäten des Mittelalters.
- II. Die Artistenfacultät im Allgemeinen.
- III. Die Mathematik an der Artistenfacultät.